大家受啟發的 大家身影

走過，必留下足跡；畢生行旅，彩繪了閱歷，也孕育了思想！人類文明因之受到滋潤，甚至改變，永遠持續！

將其形諸圖文，不只啓人尋思，也便尋根與探究。

昨日的行誼，即是今日的史料；不只是傳記，更多的是思想的顯影。一生浮萍，終將漂逝，讓他走向永恆的時間和無限的空間；**超越古今，跨躍國度，「五南」願意！**

思想家、哲學家、藝文家、科學家，只要是能啓發大家的**「大家」**，都不會缺席。至於以「武」、以「謀」、以「體」，叱吒寰宇、攪動世界的風雲人物，則不在此系列出現。

大家受啟發的

大家身影系列 019

弗利曼

自由經濟守護者

吳惠林 著

自序　弗利曼還魂吧！

二〇二二年，在Covid 19疫情依然延燒下，全球經濟淒風苦雨，而通貨膨脹竟然全球化。在美國聯準會（Fed）祭出調高利率政策下，股市、匯市動盪不已。加上能源短缺氣候變遷酷熱、缺水、洪澇等等異常現象，沒有明天的末日逐漸逼近，而政府管制力大大增強，不禁讓我懷念起弗利曼（Milton Friedman）。更希望他能還魂，運用他的口才文才向全球各國領導人勸說、示警，趕緊懸崖勒馬，急踩煞車，以免人類掉入滅絕黑洞。當今各國領袖的「管理經濟」，已經不只是像弗利曼在世時所說的「像酗酒」而已，已經升級爲「吸毒」而走入「通往地獄之路」了！

不過，一提到弗利曼，一般人的印象也許只是一九七六年諾貝爾經濟學獎得主、自由經濟死硬派學者、「天下沒有白吃的午餐」流行語的傳播者，以及芝加哥學派的主要領導人。對於我來說，除了這種一般印象外，至少還有下面幾項鮮明事件立即映在我的腦際。

非常出名的「背影」雙人照

其一，在全球經濟學界有一張非常出名的「背影」雙人照，它是在古色古香的美國芝加哥大學校園拍的，照片中的兩位主角應該是全球經濟學界最高和最矮的兩個身高極端對比人物。這兩位都是頂尖世界級的諾貝爾經濟學獎得主，高的是史蒂格勒（G. Stigler，一九八二年得獎，一九九一年去世），矮的當然是弗利曼了。這張照片有這樣的解讀：兩位大師邊走邊談，高者看地上，矮者向前直視，盯著地上看的突然說：「地上有一百塊。」平視者回答說：「不可能！在人來人往的路上，怎可能有掉落的錢？若有，也早被人家撿走了。」這個故事當然是穿鑿附會的，是有心人諷刺經濟學「重視假設」、「不實際」、「不食人間煙火」等等的說詞。不過，這也正好烘托出這張照片的知名度。這張照片可在遠流出版公司一九九四年出版的《史蒂格勒自傳》中找到，照片下還有史蒂格勒幽默的眉批。

其二，在一九七六年以前，應該說迄今為止，每年在瑞典斯德哥爾摩頒獎的大典，幾乎都平靜無波（雖然有保羅紐曼主演的電影《獎》描述一段有關諾貝爾獎的陰謀故事，但那應是戲劇杜撰的），唯有一九七六年例外，主角就是弗利曼。該年當得獎名單揭曉，反對和抗議弗利曼獲獎的聲音就不斷出現，舉斯德哥爾摩大學經濟學系和瑞典商業學院的教師及研究員的抗議信爲例，內容是：「儘管弗利曼在經濟學理論方面有一些成就，但他完全不理會他所推薦的經濟政策所帶來的後果……。他和他的芝加哥學派，做了巴西和阿根廷的軍事獨裁者之顧問，也替智利軍人政權擬出一條經濟政治路線。……這一切不但指出了皇家科學院的政治幼稚病，也完全抹煞了弗利曼的得獎資格。……」除了有這種書信抗議外，頒獎那天，場內有一人示威，場外更有五千人示威，創下截至該年爲止，共七十五年諾貝爾獎頒獎典禮受到破壞的先例，且因示威者擋道，典禮後的國王傳統晚宴，也首度延遲開席。雖然受到如此激烈抗議，弗利曼仍堅持其藉機轉變獨裁者理念的做法，繼續充當各國政要的諮詢顧問，最有名的就是與中共經改初期的關鍵人物趙紫陽之交往。爲何弗利曼敢於干犯衆怒，冒著「爲虎作倀」的罪名持續幫軍事獨裁者擬定經改政策，相信讀者渴望得知答案。有趣的是，一九九九年奧斯卡頒獎典禮，由於將終身成就獎頒給伊力卡山這位退休老牌導演，引發一場抗議風波，原因是伊力卡山在一九五〇年代冷戰方殷，美國社會出現集體性恐共情緒，著名的「麥卡錫主義」白色恐怖當時風聲鶴唳，共產黨的紅色帽子亂扣，電影圈也無法倖免，伊力卡山在那時曾出面檢舉不少好萊塢電影人士，以致這些人遭到迫害、斷送前程。就是這項人格的瑕疵，就有人認爲他不夠格得獎，這當然是專業、政治、意識型態間糾葛不清的人間實景，此與弗利曼獲諾貝爾獎被抗議事件異曲同工，凸顯出世間的複雜。

經濟學界的鰻魚

其三，個兒小但辯才十分犀利的弗利曼，挾著重述貨幣數量說成爲「重貨幣學派」開山始祖，高舉「凱因斯革命的反革命」大旗，在一九六八年十一月與海勒（W. Heller）大辯論，在《新聞週刊》（*Newsweek*）一段長時間與薩繆爾遜（P. A. Samuelson，凱因斯學派最主要大將，一九七〇年第二屆諾貝爾經濟學獎得主）紙上論戰，被薩繆爾遜稱爲「經濟學界的鰻魚」。這個稱謂鮮活地點出弗利曼的觀點在當時屬於少數，但卻頗富攻擊力，有如遠洋漁業捕魚者，爲了維持所捕獲魚群的新鮮，必須放入幾條鰻魚與魚群相鬥，而弗利曼這隻全球經濟學界典型鰻魚，在一九九八年亞洲金融風暴掀起漫天風雲，自由化受挫、政府管制再度抬頭的當兒，以八十七歲高齡爲文、演說，極力抵擋逆流，力挽狂瀾的精神，甚至主張廢掉國際貨幣基金（IMF），這種勇氣不是肅然起敬就可形容的了。這也讓我想起一九九三年二月，他在《資本主義與自由》中譯本特別爲台灣讀者所寫的序文中的警語：「……美國和其他已開發國家的例子顯示……，要維持市場機能的運作，可能比導入市場機能來得困難。」正是提供我們深入思考的暮鼓晨鐘。

其四，一九八五年三月二十一日弗利曼應美國三一大學之邀，講述其「我成爲經濟學者的演化之路」，結尾時如此說：「……經濟學是一門迷人的學問，而最令人著迷的是，它的基本原理如此簡單，只要一張紙就可以寫完，而且任何人都可以瞭解，然而眞正瞭解的人又何其稀少。」我相信絕大多數人對這種說法費解，甚至於經濟學界中人也有不少人不同意。不過，弗利曼應該不是信口開河，也絕非玩笑話，一定是其大半生的深切感受。以我講授經濟學理三十多年的經驗，也有如此相同的感受！

不懈精神與天才的結合

其五，世界級的華裔著名產權學者張五常教授，在一九八八年九月二十四日晚，於香港演藝學院的歌劇院介紹弗利曼時，劈頭就說：「二十年前，芝加哥大學的助理教授都像生活在愛麗絲的世界中：他們要越跑越快才能站在原來的地方。作爲其中之一人，我當時照例工作至深夜。一天，已是凌晨，我帶著疲憊之身躺在床上，無意間見到隔鄰大廈的頂樓，有一個房間的燈光還在亮著。此後很多個深夜我也見到這孤寂的燈光。後來我知道那燈光是從弗利曼的書房透出來的，就不明白爲什麼一個超級明星的教授，竟然會比一個籍籍無名的新入行的人還用功。」張五常感慨說，在半個世紀中，弗利曼求知若渴，不獲得答案誓不甘休，而一定就是因爲這種毫不鬆懈的精神與天才的結合，才造成了可敬的弗利曼現象。

其六，弗利曼雖然辯才無礙，但也勇於屈服於眞理，此由「寇斯定理」的論辯會最能凸顯。起初弗利曼對寇斯（R. Coase）的說法持疑，但聽寇斯講到一半後，立即轉邊幫寇斯說服與會的舉世頂尖學者。有一次，弗利曼在機場巧遇一位教授，這位教授原本要到一家大學演講批判寇斯的說法，但在與弗利曼短暫同機受教之後，竟然立即將講題一百八十度的轉變，改成如何瞭解寇斯定理。

其七，也是張五常的記述，是在他一九八八年十一月十六日〈背影〉這篇其描述陪伴弗利曼夫婦訪問中國大陸所見所聞的文章。該文特別凸顯弗利曼平易近人、笑口常開，即使走在爛泥路上，也若無其事欣然而過，而弗利曼夫人蘿絲（Rose）使用中國落後模式的廁所，竟然面不改容。最令張教授感動的是，兩老在火車月臺趕車時，堅持分工合作提笨重行李，而弗利曼還曾動過兩次心臟手術呢！無怪乎張五常在霧中淡淡的陽光下，見到這兩夫婦的背影、短短的身材彷彿變得越來越高，一時之間竟心酸想起朱自清那篇曾被編入中小學教科書，名爲「背影」的精彩好文章。

弗利曼身後的偉大女性蘿絲

看過以上我所提諸項弗利曼的特質之後，讀者是否已經急於一探這些特質如何形成的呢？且慢急，因爲我們還只是提到弗利曼本人而已。俗云：「成功男人的背後，總有一個偉大的女性。」不錯，弗利曼的這位偉大女性就是他的太太蘿絲，而我們也知道蘿絲也是經濟學者，爲何他倆沒有同行相忌，反有互補效果？何況蘿絲並不只專心於「相夫教子」，照理也有在經濟專業領域頭角崢嶸的期盼呀！如此一來，我們不免對蘿絲的成長過程，以及其教養如何養成有著濃厚的興趣了。尤其當知道蘿絲是芝加哥學派創始大老奈特（F. Knight）的嫡傳弟子，以及長期當其研究助理和助教之後，對蘿絲爲何沒完成博士論文，也相當好奇才是吧?!

再値得一提的是，蘿絲受其大哥艾隆（Aaron Director）的影響甚深，而這位艾隆也是經濟學專業者，雖然名氣並不怎麼響，但衆多舉世聞名的大學者，卻不約而同對其推崇備至。據張五常的描述，艾隆只有一個哲學學士頭銜，絕少發表文章，但在芝加哥大學法律系任教，擔任的課程卻是經濟學，與他相熟識的高手學者，無論是法律系或經濟系的，都對其佩服得五體投地。怪的是，艾隆既不喜歡著書立說，也不喜歡教書，但偏好閱讀而沉默寡言，一旦他開口說話，旁邊的人都靜下來細聽，生怕丟了寶似的，而芝大爲了讓他有事做，以便名正言順地保留職位，還逼他創始主編極其出名的學術期刊《法律與經濟學期刊》（*Journal of Law and Economics*），而艾隆編此刊物並不遵守按期出刊規則，但頂尖學者仍前推後擠地自投羅網，而且不敢催其快審。

此外，弗利曼夫婦都是世界級經濟學者，其子女是否也耳濡目染克紹箕裘？或者另闢蹊徑，以免活在父母的陰影下難出頭？他們的一男一女正好兩者都有，屬於前一類的兒子大衛・弗利曼（David Friedman）還頗有名氣，在提倡「自由」方面，比起爸媽來更有過之，其激進程度，甚至認為他的父親還不夠格稱為自由主義者呢！而女兒珍妮（Janet Friedman）則是屬於後一類，她是執業律師，不過，雖說不在經濟領域，但卻顯然受其舅舅艾隆的影響頗深，因為艾隆就是法律經濟學的創始者之一啊！

關乎二十世紀歷史思考的巨著

弗利曼這一家人著實精彩異常，而這對夫婦的一生橫跨的時期又是當代世界變化最大的，在他們筆下的敘述正可提供世人更為瞭解重要變遷歷史的軌跡，特別是他們對世界事務有著深遠的影響，加上兩人都極其純眞、不會揚善抑惡，更不可能刻意隱瞞，甚至扭曲史實，因而他們的回憶錄應超越單純的個人境界，應是關乎二十世紀歷史思考的巨著。的確，弗利曼夫婦倆在一九八九年完成厚達近七百頁的回憶錄巨著，中文譯本更達八百多頁，書名《兩個幸運的人》（*Two Luck People: Memoirs*）。該書雖然精采，但份量大厚重，一般人可能望之生畏而失之交臂。為免於此缺憾，個人乃濃縮摘要該書並參考施建生教授著作的《偉大的經濟學家費利曼》，再加上自己的一些論評和張五常教授的三篇近身觀察弗利曼的文章寫成這本《弗利曼》。

全書分成七章，第一章簡述弗利曼的家庭背景及求學過程；第二章敘述弗利曼的工作及教書生涯歷程；第三章簡介弗利曼的學術貢獻及其自由經濟觀念之傳布；第四章介紹芝加哥學派；第五章記述弗利曼與諾貝爾獎、智利經改的關係，並簡述弗利曼的三次中國行；第六章引介張五常教授所稱的「弗利曼現象」；第七章則蓋棺論定「永遠的弗利曼」。

與《海耶克》一樣的，本書也以通俗方式呈現，沒有注解和參考文獻，希望普羅大眾一目了然，一起認識弗利曼，並廣傳其救世理念，則人類幸甚！

最後，感謝五南圖書出版公司及編輯同仁的辛苦編校，還盼讀者不吝指正。

吳惠林　謹識於台北

二〇一六年三月三日初稿

二〇二二年九月一日一修

目錄

自序 弗利曼還魂吧！ 1

第一章 移民家庭與求學過程 1
一、猶太移民貧困家庭 3
二、求學歷程 6

第二章 弗利曼的公職工作和教書生涯 27
一、赴華府參與消費問題研究工作 29
二、到威斯康辛大學任教 46
三、聯邦政府財政部的工作 51
四、明尼蘇達大學的日子 66
五、返芝加哥大學任教 74

第三章 弗利曼的學術貢獻及自由經濟理念傳布 97
一、實證經濟學的方法論 100

二、消費函數理論 107
三、自由浮動匯率 110
四、貨幣重要、法則替代權衡 114
五、貨幣政策的任務 118
六、通貨膨脹和失業 121
七、自由經濟理念的闡揚 124

第四章 芝加哥學派 143

一、芝加哥學派的出現 149
二、芝加哥學派的三大特色 152
三、芝加哥學派的人與事及其演化 159

第五章 諾貝爾獎・弗利曼・智利經改與中國行 177

一、諾貝爾獎掀波浪的一年 179
二、智利的經改 192
三、弗利曼的三次中國行 208

第六章 弗利曼現象 217
一、絕不尋常的弗利曼現象 219
二、張五常眼中的弗利曼 229
三、弗利曼夫婦的背影 234
第七章 二十世紀唯一的一位經濟學家——永遠的弗利曼 243
密爾頓・弗利曼大事年表 253

第一章　移民家庭與求學過程

一、猶太移民貧困家庭

一九一二年七月三十一日，密爾頓．弗利曼（Milton Friedman, 1912-2006）在美國紐約市布魯克林區巴貝街（Barbey Street）五〇二號出生，是家中老么且是唯一男生，上有三個姊姊。其父母分別於一八九四年和一八九五年移民到美國，落腳於紐約市布魯克林（Brooklyn）。

弗利曼並非密爾頓．弗利曼先祖的姓氏，而是密爾頓的父親早年在布達佩斯投靠的同母異父哥哥的姓，因爲密爾頓的父親一向被稱爲「弗利曼的弟弟」，遂改以弗利曼爲姓，所以密爾頓．弗利曼和姓弗利曼的人士沒有血緣親戚關係。

密爾頓．弗利曼的父母由於出身小同鄉而在移民美國後結婚，在密爾頓一歲多時就搬離布魯克林區，移居到紐澤西州的小鎭拉威（Rahway），它是紐約和費城之間的賓夕凡尼亞火車必經之地，是通勤前往紐約和紐瓦克（Newark）上班族的安家之處。密爾頓的父母在緬因街角買了一棟樓房，兼做住家和小型成衣工廠。由於生意不成功，沒幾年就關門並賣掉樓房，在對街購屋開了一家小型乾貨店，由密爾頓的母親經營，父親則通勤到紐約做沒賺什麼錢的業務。

弗利曼家的乾貨店所賺的錢足夠維持小康家境，與許多移民同樣的，弗利曼一家人住在小店樓上。密爾頓回憶說，鮮明記得父母在夜裡熱切討論如何周轉以支付催繳帳單的情景，通常都不得不玩能拖就拖的把戲，以遠期支票調度過去。

不過，弗利曼家雖罕有奢侈品，父母親還是勉力湊錢讓其子女修音樂課。密爾頓是道道地地的樂盲，但也被父母安排上小提琴，這全然是浪費時間和金錢，然而音樂課是其父母、乃至一般猶太人家庭，普遍重視教育的例證！

弗利曼家一般都說英語，只在父母親不讓小孩知道，或是偶爾需與匈牙利來的顧客或親友講話，才說匈牙利語。普通會話則是意第緒語，因此，弗利曼家的小孩未能學會匈牙利語，但多少聽懂意第緒語，可以了解大人的對話，卻不能開口流利地說。

在密爾頓十一歲那年，其父母把房子拆掉重建，蓋成兩間店面，取代原來的停車房。多出來的一間店一直租不出去，於是決定自己開一家冰淇淋店。姊弟們年紀夠大到當店員，幫忙照顧生意，由於可以吃冰淇淋，姊弟們都很高興。不過，該店不太賺錢，但仍經營好多年，最好的成績是密爾頓的大姊獲得一個好丈夫。

密爾頓的父親罹患心絞痛，常用硝化甘油藥丸壓抑，在密爾頓十五歲高四最後一年去世，享年四十九歲，此後一家四口全靠母親一人辛苦撐持。密爾頓在四十年之後也得了心絞痛毛病，醫生開的藥也是硝化甘油藥丸，但他因心血管繞道手術發達，沒像其父早逝，反而是長壽。

二、求學歷程

密爾頓．弗利曼（下文開始簡稱弗利曼）在中小學時期，成績都非常好，一九二四到一九二八年就讀拉威中學，因離他家很近乃走路上學。高二時教他政治學（當年叫做「公民」課）的柯漢先生（Mr. Cohan），另開一門歐基里德幾何學（Euclidean Geometry），深深影響弗利曼對數學的敬愛，並且對之產生興趣。弗利曼在近七十年之後，還記得柯漢在黑板上演算畢達哥拉斯定理（畢氏定理）的情景，柯漢在證明畢氏定理時，引用濟慈（Keats）的詩〈詠希臘古甕〉（Ode on a Grecian Urn）之最後幾行詩句：「美即眞理，眞理即美——一切盡在此，這世上你們每人都知道，你們每人所知道的也盡在此。」弗利曼四年中學生活愉快，但平淡無奇，參加過一些課外活動，一九二八年畢業時，語文、數學和歷史成績都很不錯。值得一提的是，中學時弗利曼代表學校參加《紐約時報》主辦的一項全國憲法演講比賽，獲得銅牌獎。小鎮的公共圖書館使弗利曼成爲嗜書若狂的讀者，他幾乎把小圖書館的藏書全部看完。

羅格斯大學的歲月

受到兩位羅格斯大學（Rutgers University）畢業的中學老師之影響和獎學金的誘惑，弗利曼參加羅格斯的獎學金甄選考試並獲錄取，在不用負擔學費的情況下進入大學。一九二八年弗利曼入學時，羅格斯大學還只是小型的私立學院，正開始改制為紐澤西州立大學的程序，由州政府提供經費設立優厚的獎學金制度。

和當時大部分的移民一樣，弗利曼的父母一貧如洗、收入低於貧窮標準，更不幸的是，弗利曼的父親在他高中的最後一年去世了。弗利曼靠著獎學金和四處打工，在大學期間自食其力，竟然還小有積蓄，足以支付研究所第一年的費用。

雖然通學方便，但弗利曼決心不再把大學生活當作中學生活的延續，決定不通學而住學校宿舍。他住的維納斯館（Winants Hall），後來竟成為羅格斯大學經濟學系的系館。

弗利曼進大學時的一九二八年，經濟還是一片榮景，很容易找到工作來彌補學費以外的生活開銷。他在一家百貨公司男裝部找到兼職店員的工作，週六值班十二小時，薪水四美元，平日下午加班則另領取二美元。由於被認定為有經驗，往後四年弗利曼都維持該薪水，一九三二年時，新聘的同仁只能賺到他的一半薪水而已。弗利曼也在宿舍大樓對街的一家餐廳找到侍者工作，該家餐廳的主要生意在午餐時段，也就是弗利曼的工作時間。弗利曼當侍者的報酬是「免費吃飯」，因而他設法每天午飯吃到飽，當成主餐。通常下午一點時才能吃飯，由於弗利曼經常有課排在下午一點半，且餐廳與教室有段距離，所以弗利曼必須吃得很快，這也使他養成往後吃飯囫圇吞棗的壞習慣。

在餐廳打工讓弗利曼的大學成績單留下唯一的一個C的紀錄。由於弗利曼選了一門歐洲史的課，上課時間是在下午一時三十分，教室卻在校園最遠的一棟教室，因而弗利曼常常遲到，老師以此理由給C。弗利曼找老師抗議，但老師回以「上大學是來上課學習，不是來餐廳打工」，讓弗利曼啞口無言。

不過，餐廳打工卻讓弗利曼對企業經營的重要性有了最直接觀察的經驗。當他最初報到工作時，餐廳的生意興隆，一年多之後，店主換了人，新人經營幾個月後生意一落千丈，連弗利曼這樣的不支薪、只供一頓午餐的伙計都僱不起。當原店主再買回後，不到幾個月，生意又好起來。在弗利曼四年打工期間，此循環又出現一次，於是弗利曼領悟到：在正確的人領導下，生意鼎盛，換個不適當的人則一落千丈。

除了這兩個打工外，弗利曼還做些生意彌補生活開銷。羅格斯大學有一傳統，一年級學生在第一學年必須穿白襪子、打綠領帶。弗利曼的好朋友哈里斯（Harold Harris）這位學弟的家開百貨店，可用批發價進貨。弗利曼和哈里斯就打起在新生週於宿舍賣白襪子、綠領帶的主意。這必須先得到學務長的批准才行，老師很幫忙給了同意書，這種生意很成功，讓弗利曼有更大的雄心。

大三那年，弗利曼與二手書大盤商巴內斯和諾伯（Barnes and Noble）書店達成協議，在學年結束時，到羅格斯大學借弗利曼打工的餐廳設立一天的收購站，收購學生要賣的教科書，由弗利曼和哈里斯兩人負責後勤安排，獲得書店收購價款總額百分之五的佣金，而且有權以定價的四五折買回任何書。兩個人逐一拜訪大一學生大型課的開課老師，調查哪些教科書在新學期還會繼續用，然後向家人借幾百塊錢，把書店收購的那些教科書，全部以四五折買下，再與白襪子綠領帶一起賣給大一新生。

書店在得知他們的作爲後，向學務長抗議侵犯權益，但學務長的同意函並未限制弗利曼只能賣領帶和襪子，因而他倆可以繼續營業，不然可就要慘賠了。結果是這筆買賣挺賺錢，顯示這兩個猶太男孩挺有做生意的天分！

弗利曼在暑期還有兩個性質截然不同的工作。一是幫忙照料鞭炮攤，這是他從中學一、二年級就開始的工作，待遇不錯。二是幫助功課被當掉的中學生補習。弗利曼應其中學母校的校長之邀，幫被當的中學生補習功課，起先介紹個別學生以家教方式教學，稍後可以參加由學校老師主持的補考。在進行兩個夏天的家教後，進一步在中學成立暑期班，開了好幾門課，每小時收費五毛錢，校長同意接受弗利曼開給學生的證書代替補考。

這個暑期補習班非常非常賺錢，約五個星期的課，弗利曼在一九三〇和一九三一年的每個夏天，淨賺四百五十美元。當時美國中小學的全職教員，平均年薪約一千四百美元，所以弗利曼五個星期所賺的，相當於一個全職老師四個月的平均薪水，對一個在失業眾多時期的十七、十八歲青年來說，是非常不錯的了。由於這個生意好賺，在一九三〇—三一學年，中學副校長藉校長退休之機，接辦暑期補習班自己賺起外快來。

對弗利曼來說，暑期補習班不僅有錢可賺，還是一個絕佳教學經驗。他由英文、幾何到拉丁文無所不教，學到了所謂的「教學方法」。

由於副校長接辦暑期班，弗利曼在一九三二年夏天時很窮，那時他剛從大學畢業，仍幫人照料鞭炮攤，無法找到其他工作。弗利曼在那時挨家挨戶推銷百科全書，卻賣得很少，乃放棄而利用暑假讀書、做研究。

雖然是這樣，弗利曼赴芝加哥大學讀研究所時，結算大學兼差所得，還結餘二百多美元。弗利曼全家很幸運的沒有受到經濟大蕭條的打擊，一位姊姊在西聯

（Western Union）公司當電報報務員，沒丟掉工作，其他兩位姊姊偶爾失業，但絕大部分時間仍可找到文書工作，他的母親經營的店一度情況不佳，但在姊姊們的幫忙下，都順利熬過。

弗利曼就讀的羅格斯大學是全美最古老的大學之一，係荷蘭改革宗教會（Dutch Reformed Church）於一七六六年創辦的，雖非「常春藤盟校」之一，卻是第一流的小型大學。它有兩個校區，一爲羅格斯男子學院，一爲道格拉斯女子學院及一座實驗農場。學生不到二千人。

對在小鎮成長、中學同屆同學僅約八十人的年輕弗利曼來說，這所小大學像是一個家一樣。麻雀雖小，五臟俱全，羅格斯大學有各種不同的課，又有許多優秀、專心的各類科老師，校園廣闊，有許多漂亮大樓，也有熱鬧的兄弟會活動，但經濟能力有限的弗利曼，只能望之興嘆，無緣參加。

弗利曼在大學的課外活動，除了打工賺錢外，就是在學生報擔任文字編輯，負責校對文稿和下標題。當時羅格斯大學部男生被強制需受兩年預備軍官教育訓練，弗利曼在受訓兩年後獲得伍長的軍階，但弗利曼認爲預備軍官教育訓練課程是種負擔，對個人或對國家都沒有重大利益。

弗利曼進大學最初有意主修數學，他聽說利用數學知識可以賺錢的工作是精算工作，因而蒐集有關這行業的資料，打算成爲精算師，根本沒有從事教學、研究的念頭。弗利曼保持這個計畫好幾年，甚至參加若干精算師資格考試，通過了幾科，也當了幾科。不過，一、兩年之後，弗利曼放棄主修數學，改爲主修經濟學。

爲何改變主修科目？兩位老師的教導最爲重要。一位是在羅格斯大學執教鞭（助理教授）、同時在哥倫比亞大學撰寫博士論文的伯恩斯（Arthur E. Burns, 1904～1987）。另一位是在芝加哥大學研究所進修，也在羅格斯大學授課的瓊斯（Homer Jones, 1906～1986）。這兩位對弗利曼一生的發展有著極大影響，也是他的終生顧問和師友。

當年弗利曼十九歲，伯恩斯則是二十七歲，雖是初出茅廬，已是一位飽學而成熟者，對知識和道德有深刻的執著，也已展現出成熟的判斷力，多年之後被任命爲美國聯邦準備理事會（Fed，簡稱聯準會）理事主席，也當過美國駐西德大使。

伯恩斯對弗利曼的第一個影響發生在一次授課後，弗利曼和另一位同學，兩人逐字逐句就伯恩斯的博士論文草稿向伯恩斯請教。該堂課傳授弗利曼學術的標準：注意細節、謹慎無瑕的精確、查證來源，更重要的是欣然接受他人批評。這對弗利曼日後的科學研究，啓迪甚深。

另一個影響是，伯恩斯介紹弗利曼細讀十九世紀偉大經濟學家馬夏爾（Alfred

Marshall, 1842~1924）的著作《經濟學原理》（*Principals of Economics*）。他倆不只在當時，還在日後仍不時地對這本經典巨著的精義切磋討論並交換看法。

至於另一位對弗利曼一生影響甚大的瓊斯，生在愛荷華州農村，受教於奈特（Frank H. Knight, 1885~1972，芝加哥學派掌門人）門下，追隨奈特到芝加哥大學攻讀研究所，在弗利曼大三時到羅格斯大學任教，屬於兼差性質。由於當時瓊斯僅二十四歲，在學界屬於小人物，被學校要求教好幾門課，包括保險學和統計學。弗利曼認爲瓊斯對這兩門課之前並沒碰過，因爲弗利曼有志於成爲精算師，於是選讀這兩門課，與瓊斯一起研讀、學習。瓊斯介紹弗利曼認識當時已知名的芝加哥學派觀點，也帶引弗利曼關注奈特的經典名著《風險、不確定性和利潤》（*Risk, Uncertainty and Profit*）中的基本議題。

瓊斯後來到聖路易的聯邦準備銀行擔任副總裁，負責經濟研究工作。他對美國的金融情勢了解深入，在這項職位上對美國利率的走勢發揮了極大的影響力。弗利曼認爲，在所有十二家聯邦準備銀行中，聖路易聯邦準備銀行的出版品是最常被學術研究引用的，而這應歸功於瓊斯。

一九三二年的經濟大恐慌陷於谷底時，弗利曼由羅格斯大學畢業，由於伯恩斯和瓊斯兩人的啓迪，弗利曼已不執著於當精算師。視野已開闊的弗利曼，向幾家大學申請獎學金進入研究所就讀。有兩家大學願意提供學費獎學金，分別是布朗大學和芝加哥大學，前者要弗利曼去唸應用數學，後者則是經濟研究所。除了學費之外，還提供獎助學金者，稱爲研究獎學金（fellowship），不但名額少，金額也不多，而且研究所一年級學生也少有人得到。

究竟要選哪一個研究所，弗利曼傷透腦筋差點就用擲銅板決定。如果沒有瓊斯的指引，弗利曼就會選布朗大學，將會成爲應用數學家，這個世界就會少掉一位傑出且重要的經濟學家。弗利曼曾引著名詩人佛洛斯特（Robert Frost）的名句：「黃樹林裡岔出兩條路，遺憾我不能兩路皆走……我選了較罕有人走的一條小徑，使結果迥異。」來寫下自己抉擇的心聲，他是這樣寫的：

「我不能說是挑選了罕有人跡的一條路，但是我選的路徑卻決定了一生的方向。我如此選擇，不只是經濟學的吸引力，也不全然是伯恩斯和瓊斯的影響。至少與時機有關……美國當時正處於歷史上最嚴重經濟蕭條的谷底，當時最重要的議題就是經濟。我們要如何走出蕭條？如何降低失業率？如何解釋一方面是需求極大，另一方面資源卻又未利用的矛盾？在這種環境下，做經濟學家似乎比做應用數學家或精算師，更符時代需求。」

芝加哥大學經濟學研究所第一年（一九三二—三三）

一九三二年秋天，弗利曼和幾位大學同學搭一位同學的便車前往芝加哥。當年剛滿二十歲的弗利曼，從未到過德拉瓦河以西，在西行中，發現越往西走，老百姓越友善、越好客。

弗利曼就讀芝加哥大學經濟研究所第一學年（一九三二—三三年），是他財務最窘迫的一年，他在一家由一位老寡婦開設的餐廳當午餐時段的侍者，薪資是一天一頓飯和免費住餐廳樓上的一間房。弗利曼也曾在一家鞋店找到週六當營業員，工作十二小時卻只領到七角五分，他立即辭職不幹而到處找工作，但遍尋不著。由於無法自行賺錢維持生活開銷，乃向其家人（大部分來自在西聯公司當郵務員的姊姊）借貸三百美元，但第二年拿到哥倫比亞大學研究獎學金後就還掉了。

芝加哥大學經濟學系在一九三二年已是全美最佳系所之一，教授陣容堅強，名師濟濟，除奈特和范納（Jacob Viner, 1892～1970）兩大明星外，還有舒茲（Henry Schultz, 1893～1938）、道格拉斯（Paul Douglas, 1949～1967）、賽門斯（Henry Simons, 1899～1946）、敏茲（Lioyd Mints, 1888～1989）、米立斯（Harry A. Millis, 1873～1948）和內夫（John Nef, 1899～1988）等著名經濟學家。

弗利曼在芝大經研所上的第一門課是范納開授的經濟理論課，那是每個研究生都必修的「價格與分配理論」（Price and Distribution Theory）。范納是弗利曼認定的偉大老師，對他的事業和個人生涯都有巨大影響。在專業方面，范納的理論課程開展了一個新天地，讓弗利曼體認到經濟理論是一個密切結合的前後一貫的邏輯整體，它並不是一套不相關的命題。范納的課除了是弗利曼一生所經歷的最豐富的學術經驗，也使他遇到了蘿絲．達瑞克特（Rose Director）這位美麗年輕小姐。故事是這樣的：范納將全班同學按姓氏字母次序排座位，蘿絲就坐在弗利曼旁邊，兩人就這樣相識、相愛，終而結成連理且白首偕老。

蘿絲和弗利曼一起上的課還有舒茲教的數理經濟學，課名「相關和曲線配置」（Correlation and Curve Fitting）。舒茲是個很愛引經據典的學者，雖無太多自己的深入創見，卻有刻苦耐勞、窮追本源的特質，精研的是個很狹隘領域，那是統計上的需求曲線，多年來都在撰寫其畢生巨著《需求的理論和測量》（*The Theory and Measurement of Demand*）。他聘弗利曼當助理，助其從事此工作，並推薦弗利曼下學年到哥倫比亞大學跟霍特林（Harold Hotelling, 1895～1973）教授學習，且託霍特林幫弗利曼爭取到一份研究獎助金（fellowship），這對弗利曼助益甚大。

在芝加哥大學這一年中，弗利曼除了經濟學研究所的必修課外，所有選修的課都在數學系。他在該系所修的學分與該系碩士學位所要求的完全相同，這對弗利曼往後的事業發展大有幫助。

弗利曼雖然覺得芝大教授很優秀，但他認爲從教授那裡所學到的，還比不上同學之間相互切磋的心得，教授的眞正功能，只是提出一些主題，供大家自由討論。教授群之間縱有爭論，大致也是因學術見解互異而起，使得經濟學系成爲十分有意思的學習場所，保持追求眞理的氣氛進而發展出一種可貴的傳統，亦即學術討論貴在論證是否強而有力，而不是依表達的方式或提出者是專業地位而定。芝大經濟學研究所有一群來自世界各地的學生，形成一種非常多元活潑的學術氣氛。

爲了舒茲交下來的計算功課，弗利曼和蘿絲在統計實驗室花很多時間演算，通常通宵達旦。由於兩人相處時間長，彼此更加熟識。當時有位來自瑞典的同學卡爾森（Sune Calson, 1909~1999）時常和他們在一起，是他倆最好的朋友之一，後來卡爾森回瑞典，在學術界嶄露頭角，和他們的聯繫漸疏。不過，卡爾森竟然是一九七六年授予弗利曼諾貝爾經濟學獎的諾貝爾委員會委員。在芝加哥大學求學時，統計實驗室位於社會科學大樓四樓，卡爾森、蘿絲和弗利曼三個人經常在做完一天作業後，一起等電梯，當電梯一開，卡爾森就把蘿絲和弗利曼推入電梯，自己走樓梯下樓，明顯要製造機會撮合他們倆。

芝大研究所學生不多，素質卻都異常高，弗利曼特別提到兩位年齡稍長的同學，哈特（Albert G. Hart, 1909～1997）和包爾定（Kenneth Boulding, 1910～1993），這兩人討論事情很激動，他倆抬槓的場面是同學們化解無聊的藥丸。這兩人日後都有亮麗前途，哈特長期在哥倫比亞大學擔任經濟學教授，包爾定寫了一本廣被採用的價格理論教科書，並以研究衝凸的解決之道出名，成爲科羅拉多大學傑出經濟學教授。芝大時常有海外來的訪客做長期或短期研究，或以研究生身分入學，有些以訪問學人出現，對初出茅廬的本地生來說可大開眼界，見識到來自英、法、德及其他國家年長但屬於同一學術世代的學人。

弗利曼在芝大讀研一的這一年，正是美國歷史上最慘痛的經濟蕭條谷底之時，金融體系整個崩潰，羅斯福（Franklin Delano Roosevelt）宣誓就任總統之後，第一道命令就是宣布全國銀行暫停營業，而聯邦準備體制成立的目的本來是要防範這類事件發生，卻也自身難保，竟然關上大門，而新政（New Deal）也開鑼，此事件在芝大經濟學系也引起熱烈討論。在一九三三年取得碩士學位後，弗利曼啓程赴哥倫比亞大學就讀研究所二年級。

哥倫比亞大學研究所二年級（一九三三—三四）

弗利曼在哥倫比亞大學研究所上霍特林的數理統計學，他覺得很像范納在經濟理論上給他的感覺。弗利曼也上了米契爾（Weoley C. Mitchell, 1874～1948）和克拉克（John Maurice Clark, 1884～1963）的課，米契爾教他以制度化的方法研究經濟理論，以及解釋景氣循環（busness cycle）的各種方法；克拉克則教他那一套無人可及的、結合純理論及方法細節的治學方法。

在哥倫比亞大學那一年，影響弗利曼最深的是霍特林。在課堂上言簡意賅、敘事簡潔清楚的霍特林，基本上是一位數學家，思想、講話、寫作一向非常抽象，但有特殊的本能找到問題的關鍵，做出十分實用的貢獻。在經濟學上有個「霍特林（一九三一）定律」，一九九二年《經濟期刊》（*Economic Journal*）上一篇論文，把它推崇爲「經濟學上可耗竭資源的基本定理」。

當時哥倫比亞大學經濟學系的優秀教授群中，最傑出者首推米契爾，他在一九一三和一九二七年出版專書探討景氣循環，在國民經濟研究局（NBER）長期主持研究工作，被公認是全世界研究景氣循環的頂尖專家，他是NBER一九二〇年成立時的創辦人之一，在一九二〇—四五年擔任研究主任。弗利曼選了米契爾開授的經濟思想史和景氣循環兩門課，弗利曼覺得米契爾的經濟思想史的講課內容很沉悶，米契爾明顯的不像是范納或奈特那樣才華洋溢的理論家，米契爾認爲理論本身沒有生命，不是由主題內部邏輯發展出來，而是就外在事件的回應，這與多年之後由史蒂格勒

（George Stigler, 1911～1991）發展出來的思想史形成尖銳對比，而米契爾明顯是在重述許久以前形成的想法、見解，引不起弗利曼的興趣。不過，米契爾的景氣循環課可就完全不同，儘管是技術性高且高度實證，但這個主題是他畢生的研究心血，代表對現勢的研究。米契爾展現出在思想史課堂上看不到的熱忱和投入，因而對學生產生實質影響，此種課題與芝大沒有重疊，是深度探索的不同主題。

克拉克是哥大教授群中僅次於米契爾的著名經濟學家。他和米契爾不同，他熱愛經濟理論，且運用到實證問題上。他在一九二〇年代初期執教芝加哥大學時，寫了《固定成本經濟學的研究》（*Studies in the Economics of Overhead Costs*）這本書，已經成爲經典。不過，克拉克講課結結巴巴，許多學生不能適應，但弗利曼卻在他的課中收穫頗豐，因爲他以不同的研究方法、不同的內容脈絡探討經濟理論，和弗利曼在芝大所學不同，但同樣是強勁有力、絲絲入扣。

弗利曼在哥大這一年結交了一些朋友，有的還成爲終身的好朋友。哥大的研究生和芝大的同樣傑出，弗利曼覺得與他們互動往來學到的東西，可能與上課所獲的知識一樣豐富、寶貴。

在哥大結交的朋友中，最值得一提的是與馬哈祿普（Fritz Friedrich Machlup, 1902～1983）的結識。哥大與絕大多數頒授哲學博士學位的學府一樣，要求博士生至少能讀兩科外國語文，弗利曼選了法文和德文。他的法文說寫都相當流利，但德文則勉強及格。有一天弗利曼在圖書館讀書，準備德文考試，讀的是一篇德國的經濟期刊上的艱難論文。有位年輕人走過來，友善地問：「對不起，我能夠幫忙嗎？我來自奧地利，湊巧注意到你已在同一頁德文上花了很長時間了。」這位年輕人就是馬哈祿普，兩人從此結為終身摯友。馬哈祿普是奧地利學派健將，和一九七四年諾貝爾經濟學獎得主海耶克（F. A. Hayek, 1899～1992）是親密朋友，後來移民到美國。

弗利曼經由其在芝大和哥大研究所求學經驗，得到這樣的結論：初出道的經濟學者，最理想的是先到芝大唸一年書，著重理論研究，之後再到哥大深造一年。因為哥大重視體制的影響和實證工作。弗利曼特別再三強調，是先到芝大，再到哥大，可別先哥大再芝大，他也舉瓦理斯（W. Allen Wallis, 1912～1998）先芝大後哥大的經驗作佐證。

重回芝加哥大學經濟研究所（一九三四—三五）

在哥大一年結束後，弗利曼再回到芝加哥大學繼續研究所的學業。由於擔任舒茲教授的研究助理每年獲得一千六百美元，而且不必付學費，又可以聽任何課，因而弗利曼就儘量旁聽，還參加博士學位的初步考試。所以，除了在芝大和哥大的論文外，弗利曼符合博士學位必須的條件，而基於純粹實際的理由，弗利曼拿了哥大博士學位。

當時舒茲教授的需求曲線專書已完成草稿，弗利曼的任務是詳讀原稿並建議更正。起草修正或塡補文字，特別側重純數理和理論分析，當時弗利曼發現原稿上不少錯誤，而且舒茲有時還弄不清論點，於是弗利曼認爲舒茲的學術才智有限。不過，日後弗利曼發掘舒茲雖對純粹分析不專長，但不偏不倚追求眞理，堅持在一個狹窄範疇內深耕的態度，使舒茲在經濟學上的貢獻遠勝於許多更能幹，但治學較不嚴謹，較不心胸寬闊的學者。不幸的是，舒茲在他的專書出版前，開車載著妻子和兩個女兒赴加州度假，車子在公路上墜崖，全家喪生，年僅四十五歲。

弗利曼在追隨舒茲的那一年，對需求和供給的純理論，以及時間數列的統計分析，學到許多祕訣。在修正舒茲手稿時，把自己一篇未發表的文章自作主張列入參考資料，舒茲在定稿時將它保留。五十年之後，日本的教授過馬良光太郎（Kotaro Tsujimara）讀了舒茲著作後，發現這篇參考文獻和他的研究有關，寫信請弗利曼寄副本供參考，而後在其論文中引用該文中的若干概念，並希望把弗利曼的文章譯爲日文，和他的文章一併發表。弗利曼在一九八四年五月二十九日去函同意，說：「我很高興五十年前的東西，在今天竟然發揮作用。」

一九三五年十一月，哈佛大學的《經濟學季刊》（*Quarterly Journal of Economics*）冬季號刊登了弗利曼的〈評庇古教授由預算資料測度需求彈性之方法〉（A Criticism of Professor Pigous Method for Measuring Elasticities of Demand from Budegetary Data）。那篇文章是弗利曼追隨舒茲做研究時的副產品，發展過程有些曲折。

由於庇古教授當時任教於英國劍橋大學，弗利曼接受舒茲的建議，把文章投到凱因斯（J. M. Keynes, 1883～1946）主編的《經濟期刊》（*Econonic Journal*），同時寄一份副本給庇古，凱因斯回函表示已與庇古討論過，並列舉庇古認爲批評不能成立的理由，因而退稿。弗利曼一生接到兩封凱因斯來信，包括這一封都是退稿信。

弗利曼把被退稿的文章轉投到陶希葛（F. W. Taussig, 1859～1940）教授主編的《經濟學季刊》，他接受熊彼德（J. A. Schumpeter, 1883～1950）的推薦刊登。庇古向陶希葛提出異議，說他已向弗利曼指出錯誤之處，幸好弗利曼在投稿給陶希葛時已說明該文遭到凱因斯退稿且附上庇古的評語及自己的答覆。結果是，庇古寫了一篇答辯文，再由弗利曼寫一篇回覆文，一起刊登在一九三六年五月出刊的《經濟學季刊》。

一九五三—五四年，弗利曼赴英國劍橋大學當傅爾布萊特獎學金客座學人，寫信給當時已退休但仍住在國王學院的庇古，請求拜訪，庇古親筆回函，大意是說：「我已經有一百九十六歲，對經濟學對話十分過敏。不過，如果你一定要來，而且能找到像卡爾多（Kaldor）這樣的人在手術時握緊我的手，歡迎你來訪。」弗利曼接信後雖不太高興，但仍預備拜訪，卻被生氣的蘿絲勸止。弗利曼後來一直後悔聽了蘿絲的話失去拜訪庇古的機會，畢竟無論庇古有何怪癖，終究是個偉大的經濟學家，是馬夏爾（A. Marshall, 1842~1924）的傳人，也是福利經濟學的先驅。（弗利曼指出，庇古以怪癖、善登山著名，是個同性戀者，後來被指控是劍橋大學裡替蘇聯當間諜的一群人之一。）

重回芝加哥大學，有兩位新同學瓦理斯和史蒂格勒。瓦理斯畢業於明尼蘇達大學，史蒂格勒則在西北大學唸了一年研究所，再轉到芝大。他們立刻成了一群死黨，生活往往交織在一起，開口閉口都是經濟學。

芝大的外籍訪客絡繹不絕，值得一提的是波蘭經濟學理論家藍格（Oskar Lange, 1904~1965），曾擔任芝大經濟學系教授。二次大戰結束時辭去教職，出任波蘭駐聯合國代表，後來又回波蘭，成爲波蘭共產主義政府的內閣部長，未能躲掉權力的腐化。根據報導，藍格成爲一個悲劇人物，心甘情願當共產政權的傀儡，從來不能把他宣揚的理論付諸實現。

一九三四到一九三五學年，就弗利曼來說，在許多方面都很有收穫。不過，學年結束，他需要找份工作，學術界的教書工作，當時沒有機會，倒是「新政」正在如火如荼推動，提供經濟學家和統計學家極大的市場。瓦理斯早在幾個月前已到華府，在全國資源委員會謀得一職。他說服其上司尼蘭（Hidegard Kneeland）給弗利曼一份工作，弗利曼欣然接受，立即就任，把學術工作和鍾愛的蘿絲，暫時留在芝加哥。在這裡，有必要提一提蘿絲。

蘿絲在弗利曼前往哥大的那一年，內心曾經猶疑過：究竟是繼續在芝大唸下去，還是先去找工作自立呢？她之前在芝大時，經濟上是由大她十歲、在芝大任教的哥哥艾隆（Aaron Director, 1901～2004）支持的。她很想解除艾隆的負擔，要自己去工作，但她對進修又很有興趣，後來她雖然已通過博士學位所需的外國文的考試，最後還是決定去從事一份不很滿意的工作。到了該學年的春季才獲奈特教授通知，已爲她申請了一份資金，要她在下學年擔任他的助理，蘿絲於是可以與弗利曼同時在一九三四年再回芝大。後來蘿絲與奈特討論過，要寫一篇關於資本理論之歷史的博士論文，請他指導，奈特欣然同意，而且還說這是他做了二十年而沒有成功的工作，也許蘿絲能成功，可惜的是，蘿絲還是沒有完成。

既然提到艾隆，就順勢說說這位奇才。艾隆是經濟學專業者，雖然名號並不怎麼響，但眾多舉世聞名的大學者，卻不約而同對其推崇備至。據全球知名的華裔產權名家張五常教授的描述，艾隆只有一個哲學學士頭銜，絕少發表文章，但在芝大法律學系任教，擔任的課卻是經濟學。與他相熟識的高手學者，不論是法律學系或經濟學系的，都對其佩服得五體投地。怪異的是，艾隆既不喜歡著書立說，也不喜歡教書，只偏好閱讀而沉默寡言。不過，一旦他開口說話，旁邊的人都自動靜下來細聽，生怕丟了寶似的，芝大為了讓他有事做，以便名正言順地保留職位，還逼他創始主編極為出名的學術期刊《法律和經濟學期刊》（*Journal of Law and Economics*），而艾隆編此刊物並不遵守按期出刊規則，但頂尖學者仍前推後擠地「自投羅網」，而且還不敢催其快審。

第二章　弗利曼的公職工作和教書生涯

一、赴華府參與消費問題研究工作

一九三五年八月十九日，弗利曼離開芝加哥大學，結束其求學階段，抵達華府投入就業行列。拜瓦理斯的推薦，在全國資源委員會謀得一職，該委員會是在「新政」中所設的機構。其中有一個產業科（Industrial Section）內設了「消費研究小組」（Consumption Research Staff），負責提供整個經濟社會之消費方面的訊息，俾能據而評估各種促進經濟復甦和擴張的建議。小組負責人尼蘭女士答應聘用弗利曼，弗利曼立刻答應。

一九三五年底是新政的第二年，熱力未減，弗利曼夫婦日後成爲批判新政導致集權中央，造成政府過度膨脹最力的知名人物。有趣也諷刺的是，弗利曼夫婦是被新政拯救者，而且功勞很大。政府推出一系列新計畫，製造出經濟學家奇貨可居的市場，華府尤其需才孔急。弗利曼日後回想，若無新政，他們能否以經濟學家身分得到工作，大有疑問。學校的教書空缺很少，而且學校裡反猶氣氛濃厚。雖然史蒂格勒在一九三六年獲愛荷華大學聘爲教師，瓦理斯也在一九三七年赴耶魯大學任教，但沒有一個地方要聘弗利曼當教師。直到一九四〇年才有威斯康辛大學以客座教授身分任教一年，但因反猶情緒，弗利曼在一年屆滿即離開。

經濟大蕭條是美國空前的大災禍，弗利曼夫婦能完成研究所學業，算是非常幸運。他倆也很清楚全美國人所遭遇到的困境，當他們在芝大唸研一時，近距離目睹芝加哥的銀行一家接一家倒閉。當時芝大的老師和同學們，也和絕大多數美國人一樣，認爲早期新政許多措施都是針對危害情況的適當做法。不過，弗利曼也強調，不是物價固定措施幫了他們，而是工作推展總署（Work Progress Administration）、公共工程總署（Public Work Administration），以及文職維護團（Civilian Conservation Corps）等機構提供了就業機會。弗利曼坦承，他和蘿絲對私事的關切，遠超過那些廣大的議題，他們當時正在事業起步的邊緣，雖然年輕，也抱持樂觀心態，但他們一生的觀點和習慣的確受到大蕭條極大影響。

回頭再說弗利曼一九三五年在華府的工作。他在國家資源委員會的年薪是二千六百美元，而弗利曼在芝大追隨舒茲當助理時，年薪是一千六百美元，那已夠讓他增進生活水準，並且也能存些錢，這下多了一千美元，當然就不得了了。他們的薪水是當時所有產業全職員工稅後平均年收入的二點二倍強，就一個年齡只二十三歲的青年而言，當年的薪水可眞是不錯。弗利曼感歎說，華府官僚把他照顧得一級棒的傾向，是其來有自，不是近年才有的現象呢！

新政時期的華府，對年輕的經濟學家、律師、政治學家、記者等等而言，都是一個好地方，因爲到處都可找到高薪工作。政府在擴張，學界和企業界的工作機會稀少，吸引了第一流人才到華府來，讓他們得到比承平時期更需肩負重大責任的職位。空氣中有一種興奮、成就的意味，弗利曼們都有一種感覺，或者可以說是一種幻覺，認爲自己正處於新秩序誕生之際，社會即將有石破天驚的大變革。來自不同出身背景、專長領域和大學的青年才俊彼此交往、認識，創造出活潑的社交生活。在新政初期，這股氣氛極爲濃厚，直到三十年代末期才稍微沉澱了下來。

弗利曼負責的消費者購買行爲研究，旨在針對龐大的家庭樣本，蒐集關於他們的收入和支出的詳盡資訊。雖然它的龐大規模歸功於「工作推展總署」創造就業機會的目標，這類研究早已在較小規模下一再進行，不只美國做，許多國家也做類似研究，旨在蒐集計算生活費用指數所需的資訊。要算出此一指數，就必須把各種不同物品，根據它們在消費者預算上的重要性，給予不同的加權。

消費者購買行爲研究產生許多選樣及組織的新問題，弗利曼他們在國家資源委員會的這組人馬，任務就是規劃整個方案：設計每個家庭必須詳塡的問卷、樣本，以及選樣程序；開發出製表繪圖及分析計畫，並且備妥調查結果之報告。勞工部勞動統計局及農業部家政局負責蒐集資料，傳統上它們分別負責向都會人口及農村人口蒐集這些資料。

弗利曼、蘿絲和瓦理斯在學校所學的統計學技術和理論，雖然足以讓他們做這樣的一項研究，卻不足以讓他們應付華府的官僚體系。還好的是，尼蘭和幾位老公務員，曾有參與早先預算研究的經驗，且深諳公部門辦事要訣。弗利曼完全沉浸到這項研究計畫裡，因為它具有挑戰性，與他以前做過的事完全不同，就實質內容及弗利曼個人為人，都大大擴張了他的見識。

首先，弗利曼認為不可思議，竟有受訪者願意花數小時答覆一些高度隱私又極端繁複的問題，更不用說會有能力回答這些問題了。然而，老手向他擔保絕對沒問題。弗利曼與一位同僚出馬測試一份初步問卷，這個懷疑就消失了。他發現許多受訪者，絕大多數是先生去上班，獨守在家的太太們，百無聊賴，樂於花幾個小時與有興趣知道她們生活細節的人聊天。她們對告訴陌生的訪員自己的收入，以及過去一週、一日或一年，花了多少錢買牙膏、衛生紙或各種衣服等等鉅細靡遺的資料，毫不猶豫。

弗利曼曾寫信給蘿絲，提到這個經驗令他大開眼界，他提到有一次對一戶農家的問卷調查，體會到農家的真實情況。準備問卷時，要如何歸類某種費用支出，產生許多有趣問題。有一回他們對究竟要把酒歸類為「食用品」或其他類別如「娛樂用品」討論起來，由於分析某些法國食譜的營養評估報導，發現只有把酒算進去，才算有充分營養，才把酒歸類為食用品。

在國家資源委員會任職兩年，弗利曼成為消費行為研究的專家，而且獲得實際統計的經驗，強化了他在數理統計上的知識，也使他日後從事科學工作比他人凸出，更讓他在十五年之後，寫出他自認在科學研究上最好的著作，這就是《消費函數的理論》（*A Theory of the Consumption Function*）。

談到這裡，有必要交代蘿絲的情況。當弗利曼在一九三五年八月十九日離開芝加哥後，蘿絲也在四天之後出發回波特蘭，因為奈特教授要在這學年的秋冬二季離校半年，當奈特助理的蘿絲也得停工，她覺得在芝城太孤寂，於是決定回家去。她原本想在華府找份工作，但沒成功，最後只在波特蘭找到一個臨時工作，期滿後正好再回芝大擔任奈特的助理。不過，她還是想到華府工作，就在稍有眉目時卻發現她不是美國公民，因為她是二、三歲時隨父母由烏克蘭移民美國，一直沒有辦理歸化手續，而在美國政府任職必須是美國公民。後來在弗利曼的上司們與當局磋商後，勉強得到通融，在弗利曼的工作小組得到一個三個月期的工作。此時她在芝大的研究助理任期也到了，她雖然蒐集了一些撰寫博士論文的資料，也只好暫時擱置。在華府工作三個月後又失業，但很快地找到聯邦儲存保險公司研究與統計處中的職務，此一機構也是新政所創設的，單位主管正是弗利曼在羅格斯大學時的恩師瓊斯，可以說是巧合。

參加國民所得研究

一九三七年初，弗利曼參加「國民所得暨財富研究會議」（Conference on Research in National Income and Wealth）的第一屆會議，這是一九三六年由國民經濟研究局（NBER）的顧志耐（Simin Kuznets, 1907-1985，一九七一年諾貝爾經濟學獎得主）所發起成立的團體。NBER是一九二〇年代由米契爾帶頭成立的，係因應「針對經濟社會及產業問題，亟需有科學化確認及公正詮釋事實眞相」的需求而生，它在弗利曼的專業生活中扮演重要角色。

NBER早期致力於兩個主要領域的研究，一是衡量國民所得，一是分析景氣循環。在國民所得的量度上，NBER一直保持執牛耳的地位，當商務部準備起草正式估計時，就要求NBER與它合作。顧志耐奉派進駐商務部，領導一組人做出第一份官方對國民所得的估算，在一九三四年定名爲「一九二九—三二年的國民所得」，做爲參議院的文件發表。一九三六年，顧志耐籌劃組織所得會議，集合當時積極從事國民所得及其分配情形各方面研究的學界及政府機關專家。國家資源委員會的尼蘭小姐受邀參加，因爲他們團隊做了消費者購買行爲研究的所得資料，建構出家庭所得分配情形，弗利曼於是奉派出席這項所得會議，是國家資源委員會代表團的成員之一。

上文提過弗利曼和伯恩斯的親密關係，而伯恩斯又是顧志耐在NBER一起做研究的同事，所以弗利曼可能以前曾見過顧志耐，不過，這次所得會議才是弗利曼第一次與顧志耐的密切接觸，這是大大影響弗利曼一生事業的偶然機緣。由於該次的接觸，以及伯恩斯的推薦，那年稍後，顧志耐就請弗利曼到NBER當他的助理。

一九三七年中，弗利曼結束與國家資源委員會的聘僱關係，在啓程到紐約之前，他利用夏天全力工作，埋首寫成一篇論文，發表在一九三七年十二月出版的《美國統計學會期刊》（*Joural of the American Statistical Association*）。那年夏天，弗利曼每天工作到清晨四點，而後一覺睡到中午才起床，他覺得半夜清晨是最有生產效率的時段：安靜、不會有人來電或來拜訪以致打亂思緒。

一九三七年九月，弗利曼搬到紐約，顧志耐交給他兩項任務，一是一般性任務，一是特定議題。前者是設法塡補他和其他所得專家認爲在所得及財富資料上的大漏洞、亦即所得和財富多寡的分布研究。後者是幫顧志耐分析對專業人士調查的所得資料，那是顧志耐替美國聯邦人口統計局調查國民所得初步正式估計時的副產品。顧志耐發覺對獨立的專業執業人士之所得資料嚴重缺乏，爲了彌補這個空缺，他對醫生、牙醫、律師、會計師及顧問工程師這五類人士，派送問卷。起初，他只用這些資料來估算他們的平均所得。等他回到NBER，他把這些資料也帶走，準備做更仔細的研究，也寫了一篇初稿分析它們。不過，顧志耐分心去做其他工作，專業人士所得分析草稿就被擱置，他期待弗利曼協助分析這些資料。

NBER替弗利曼打開一個嶄新的世界，對他未來的學術生活有莫大的影響。弗利曼在秋天加入NBER的第一項任務，就是主編他在春天參加的所得會議之論文集。之後他在頭幾屆會議都擔任大會祕書長，並以該身分主編第二、第三本會議論文集。籌開所得會議、規劃議程，以及主編這三大冊報告，使得弗利曼成爲國民所得專家，更重要的是，讓弗利曼能和在統計學及經濟學等廣泛議題上最積極、多產的若干專家有了接觸。顧志耐持續在歷屆所得會議裡活躍，直至一九八五年逝世爲止。弗利曼則參加活動到一九四三年，然後暫時離開經濟學領域，擔任數理統計師工作、從事戰爭研究之後就沒有積極參與所得會議。

弗利曼的所得分配工作，還包括替兩項研究計畫當顧問。這兩項計畫分別在德拉瓦州和威斯康辛州，都是所得分配會議後的構想。德拉瓦州有些有關所得分配非常獨特的資料，因爲它是全美唯一要求每個居民不論是否需納稅，一律都得申報所得的一州。那是杜邦擔任稅務局長時的創舉，他自己捐出大筆金錢研究改善收稅系統，認爲唯有全面申報才能把逃稅降到最低程度。他很高興這樣推行得到的資料令學者感到興趣，不僅同意讓學者研究分析，還樂意資助研究費用。就弗利曼來說，這項研究提供寶貴的專業經驗去組織與分析德拉瓦州獨特的資料，還讓他偶爾要到威明頓出差，得以幫蘿絲買尼龍絲襪，當時杜邦剛開發成功尼龍絲襪，別處還買不到。

威斯康辛州資料重要的原因與德拉瓦州不同，威州過去是全美唯一所得稅申報資料是開放給公眾取閱、不保證保密的一州，也是首先開徵個人所得稅的少數幾州之一，管理所得稅有成功的紀錄，且人口及產業比德拉瓦州更多樣化，更重要的是，威斯康辛大學有許多人有興趣要分析這些資料。威州的該項研究計畫，是弗利曼一九四〇年到一九四一年到威大任教一年的部分原因，該研究結果出了書，是弗利曼寫的序。

弗利曼在NBER的主要任務是，修訂及完成顧志耐就獨立執業的專業人士所得撰寫的初稿，該初稿不完整，需做修整，甫一接手，弗利曼就在統計分析和初稿修整上負全責，結果完成了一份全部改寫過的未定稿本，最後的成品是《獨立執業專業人士的所得》（*Incomes from Independent Professional Practice*）這一本書，在一九四一年就已完稿，但因第二次大戰和原稿有些地方有爭議，延到一九四五年才出版。該書探討兩個主題，一是對五種專門職業人士平均所得之差異提出解釋，二是個人之間所得分配狀況及其長時間的動態發展情形。前個主題是最早期的實證研究，後來成為「人力資本」（human capital）這個重要的研究領域。

該書原稿的爭議源自他們對人力資本的部分研究心得，那是他們嘗試解釋醫生的平均所得爲何高出牙醫大約三分之一。弗利曼他們認爲，應以該行業的進入容易度來解釋。此與美國醫學會（American Medical Association）對進入醫師這種職業設門檻相當成功有關，而當時對牙醫卻無有效率的掌控。不過，美國醫學會長期以來已喪失大權，其壟斷權力已被政府拿走。政治力不像經濟力，政治力接近於零和遊戲，當政府在醫界扮演更大角色時，美國醫學會的勢力就式微矣！

弗利曼他們探討的第二個大問題是個人之間的所得分配情形，以及長時間的動態發展狀況。一般學者早已察覺，任何一個單一年度的所得分配，可能對所得不均產生誤導，因爲所得會與時俱變。眞正重要的是，長期間的所得不均現象。專業人員的所得資料具有罕見的品質，提供同一個人在數年中的所得資料。就人的一生而言，數年的時間雖然短，但比只有一個年度的資料已是大進步。所以，弗利曼他們研究同一個人連續幾年所得的相互關係，也比較了長期下來這個行業在所得等級上相對地位的穩定性。

在分析過程中，弗利曼發展出一個理論模型，把一個人在某一年的所得，分解成「恆常」（permanent）、「準恆常」（quasi-permanent），以及「暫時」

（transitory）三類。這種所得組合模式，以比較簡化的形式，構成弗利曼的消費函數理論專書中「恆當所得理論」的主要部分。即便到二十一世紀的此時，在研究所得、產出或其他隨著時間演變的元素時，「恆常」和「暫時」都還是專業裡的常用名詞。弗利曼特別強調，他對所得動態變化的分析，在相當程度上受到他的老師霍特林教授一九三三年評論一本書的影響。

那本書的作者謝克里斯特（Secrist）提出證據，聲稱企業體在規模大小上有收斂（convergence）現象。霍特林指出：「所謂的收斂現象是統計的謬誤，由於分組方法所致。」謝克里斯特是把企業體依其早期規模大小分組，然後追蹤這些分組在往後幾年的平均規模。這些平均值會有收斂現象。霍特林指出，若以最後一年的規模大小把這些企業體分組，就會出現發散（divergence）現象。

由於弗利曼他們的資料包括觀察同一個人連續數年的所得，如果他們只是單純以初期所得之大小把所得資料分組，就有落入迴歸謬誤（regression fallacy）之虞。弗利曼遂發展出比較繁複的分析方法。

半個世紀之後，弗利曼在《經濟文獻期刊》（*Journal of Economic Literature*）一九九二年十二月號發表一篇〈舊謬誤不死？〉的短文，指出同樣謬誤出現在一本一九八九年談生產力的書，以及期刊上有關這本書的評論上。他舉證說此一謬誤的普遍程度，他寫道：「例如，『人人知道』工作機會的創造主要來自小型公司。這個命題或許爲眞，但是我所見到的證據是，依公司初期規模把它們分類，並追蹤其後的僱用水平—正是謝克里特所用的方法。我還沒看到依照公司最終規模，或是相當時期之平均規模去分類所得到的資料。」

這篇短文出現幾週之後，弗利曼接到一位經濟學家寄來一篇論文的副本。這位經濟學家和一位同僚曾替製造業檢驗此一問題，以一段期間的平均規模把企業分組，結果顯示，「人人知道」的這個命題並不正確。新公司開始時規模小，初期創造出不成比例的工作機會，但是新公司也很容易失敗，因而摧毀掉不成比例的工作機會。結果是，在某段時期平均規模小型的公司，的確創造出許多新的工作機會，但是也摧毀許多新的工作機會，因此它們創造或摧毀工作機會的淨值，並不是影響僱用人數的主因。

弗利曼舉這個例子是要說科學發展的過程迂迴、隨機變化，未必眞確。霍特林的評論得到弗利曼的注意，主要是因爲它出現時，弗利曼是霍特林的門下弟子。它對弗利曼分析專業人士的所得起了相當大的作用，它也對弗利曼的消費行爲恆常所得理論有極大影響。不過，霍特林的洞見已被人遺忘，弗利曼覺得應再度喚醒當今經濟學者的注意，因爲毫無疑問，未來還會再發生。

在NBER任職時，弗利曼年輕又天眞，自以爲是的表現曾引發爭議，在指責美國醫學會壟斷醫師執業權，使得成本上升、醫療供應減少這件事上，引發抗議風暴，幸賴米契爾主任的折衝而化解。這讓弗利曼在多年後理解到，米契爾在維護他們的科學研究自由時，能夠堅定不移，而又能有靈活的外交折衝技巧，是多麼的難得。米契爾還教導弗利曼如何寫作，讓弗利曼終生受惠無窮。

弗利曼回憶說，有一次米契爾讀完他對初步結果起草的一份摘要後，走進弗利曼的辦公室，對他的文字品質批評說：「如果顧志耐寫得不夠清晰，還有藉口。畢竟英文不是他的母語，他到十幾二十歲了才學英文。但是你沒有藉口，英文是你的母語。一個人往往替自己寫作拙劣找藉口，說他們曉得要表達什麼，只是表達有困難而已。這眞是胡說八道。如果你不能清晰、毫不含糊地表達一個見解，就表示你不了解它。」弗利曼謹記這個教誨，他發現，努力以清晰、毫不含糊的字句寫東西，是找出他推理上的疏漏和錯誤，並且澄清自己思想的最佳方法。弗利曼在這方面也受惠於伯恩斯非常多，而伯恩斯就是米契爾的學生、信徒和繼承人，他對弗利曼寫的許多文章都提出評論。

弗利曼對他未來的許多學生，尤其是他指導寫論文者，都有同樣嚴厲的教導。一個實例是，一九五四年五月，弗利曼在英國，收到學生貝克（Gary Becker, 1930-

2014，一九九二年諾貝爾經濟學獎得主）寄來的論文初稿，閱後，寫信給貝克說：「十有九次，寫得爛，反映出思考的紊亂。」弗利曼相信貝克感謝他的教誨，一定不遜於他對米契爾的感謝之忱。

一九三七年九月弗利曼到紐約的NBER任職，不久就遇到他當哥大研究生時的好友金斯伯格正在哥大商學院任教，經由金斯伯格介紹、安排，弗利曼應聘到哥大推廣中心開一門初級經濟學的課，那是他在六年前幫功課當掉的高中生暑期補課以來，第一次的正式教學經驗。弗利曼在國家資源委員會仍保有顧問職位，這也給他一種擔任此一教書工作的便利，因爲他就可以在每週五夜間課務結束後，享受公務員的優待免費搭乘赴華府於翌日清晨到達的火車。週六上午可以到該委員會辦理必須辦理的工作，其他時間以及週日一整天都可與蘿絲相聚，而於週日晚間又乘臥車返紐約。至於週六晚間住宿問題，則又因他過去在華府居住時曾交了一對年輕的克拉克夫婦（Lois and Ellsworth Clark），有著非常深厚的友誼。當時克拉克夫婦租了一間相當大的公寓，因有剩餘房間就分租給弗利曼，以增加家庭的收入。克拉克夫婦爲人非常誠懇而熱情，他們和弗利曼建立了深厚的友誼。當弗利曼轉到紐約後，蘿絲就遞補他的空缺住進去，因而他們的關係就更爲親切了。現在弗利曼每週要回來一晚，自然也就可以在他們的公寓寄宿了。因此，弗利曼在哥大的教課也可以更勝任愉快了。

弗利曼和蘿絲除了每個週末可以相會之外，還不斷地魚雁往來。這樣的生活持續了一段時間，但這種安排終非長遠之計，於是他倆就決定要在紐約結婚。由於蘿絲認為她在聯邦存保公司至少應做滿一年，因而不能在一九三八年六月以前結婚，最後決定於該年的六月十五日舉行婚禮。同時，由於蘿絲的堅持，為讓其父母和弗利曼的母親都能高興，必須採取傳統猶太正教的儀式在猶太教堂舉行。就在那一天，雙方親友大多是從遠方來對這對新人給予祝福，兩人也從此結束多次忍受別離的痛苦而永遠生活在一起了。

在這段期間，第二次世界大戰爆發，弗利曼很關心局勢的發展，他在一九三八年三月十七日給蘿絲的信這樣寫著：「我必須說，歐洲局勢實在有夠糟，世界已經快要崩塌了，而我們還坐在這兒擔心平均數、標準差、專業人士所得。但是，我們又能怎麼辦?!

有一件事美國一定可以做，就是提供庇護給政治難民，我希望能有壓力促使政府採取這種做法。但是這種提議必然立刻惹來大吼，認為我們必須先照料自己國內的失業人口……。

我猜我們也別無他法，只有自求多福，耐心等候必然的結果吧！」

兩天之後的另一封信寫著：「國外局勢顯然大大不妙。天曉得德國併吞奧地利後，會發展成什麼狀況，可能只會讓德國人更傲慢吧！」

由於歐洲出現戰亂，以致許多外籍經濟學家紛紛湧向美國。許多人到NBER拜訪，也有到哥大一項研討會發表報告。其中一位名叫麥爾達（Gunnar Myrdal），接受卡內基公司資助正在研究美國的黑人，之後在一九四四年出版《美國的兩難困局：黑人問題及現代民主》（*An American Dilemma: The Negle Problem and Modern Democracy*）這一本書。

弗利曼與麥爾達有不少接觸，他回憶說當時的麥爾達是個相當溫和的改革派，新政型的人物，不像日後那樣極力主張成立一個廣泛的社會主義福利國家，他是學術界主張「中道」（middle way）最重要的人物之一，而「中道」是因爲柴爾德（Marguis Childs）當時以它爲題寫了一本頗有影響力的書，以致瑞典政策被人冠上這樣一個被弗利曼認爲不正確的名字。

麥爾達在一九七四年與海耶克（F. A. Hayek）共同獲頒諾貝爾經濟學獎，前者爲左派，後者爲右派。據弗利曼推想，負責頒獎的瑞典委員會希望讓麥爾達有這份榮譽，但又怕他是個極端的左翼人士，委員會將遭受抨擊，因此決定把他與另一位一樣頗負盛名的右翼人士並列爲得獎人。後來，麥爾達公開表示，他錯了，實在不應該在這種條件下接受諾貝爾經濟學獎。不過，不論麥爾達這邊的眞相究竟如何，這個榮譽對海耶克可說是重振學術生命的關鍵。當時已經年屆七旬的海耶克，非常消沉，毫無生產力，諾貝爾經濟學獎等於在他手臂注射強心針，難以置信地，他又有了十五年左右的學術佳績，弗利曼感性地說，若他的臆測屬實，世界要感謝諾貝爾委員會憂讒畏譏，頒給海耶克此一榮冠。

二、到威斯康辛大學任教

弗利曼在從事威斯康辛州的所得分配資料研究分析時，威斯康辛大學的一些人對此也有興趣，尤其一位財政學教授格羅夫斯（Harold Groves）更感興趣。他對弗利曼在經濟學和統計學方面的造詣甚爲欽佩，於是興起聘請弗利曼到威大任教的念頭。一九四〇年二月，格羅夫斯寫了一封信給弗利曼，問他能否接受威大經濟學系副教授教職，年薪四千美元。後經書信往返，格羅夫斯又吐露此項任聘尚需經他在系內多加努力。弗利曼表示可接受一年之聘約，格羅夫斯建議聘約分兩部分，一部分時間用來教課，另一部分時間則用來協助他主持的所得研究計畫。最後經濟學系就決定以客座教授名義聘請，聘期爲一九四〇—四一年，每學期必須在系上開兩門課，其餘時間用來協助所得研究計畫。弗利曼因爲很想早一點開始到學術界發展，就這樣答應前往威大就任了。

到了威大經濟學系後，弗利曼馬上發現系中明顯分爲兩派，由於他是格羅夫斯介紹來的，就被歸到格羅夫斯所屬的一派。另一派對於弗利曼的到來，即便沒公開反對，也表現得異常冷淡。弗利曼在威大任教期間，只有兩個家庭曾接待他們夫婦到寓所歡宴。一家是格羅夫斯，另一家是系中唯一的猶太裔教授。雖然在系中並沒得到熱烈歡迎，但弗利曼夫婦在威大的生活也不孤寂，因爲鄰居都很熱情，往來熱絡，而且經濟學系的年輕教師、研究生和助教們對弗利曼也很欽佩。弗利曼的家一向開放，歡迎學生們登門，時常登門拜訪高談闊論的有五位：一是海勒（Walter Heller），他日後出任約翰·甘迺迪總統和詹森總統的經濟顧問委員會主席；二是皮克曼（Joseph Pechman），日後是民主黨退休公職人員智庫布魯金斯研究所（Brookings Institution）的財稅專家；三是柯拉曼（Herb Klarman），日後成爲醫療保健經濟學上的傑出學者；四是布契爾（Henry Buechel），他在華盛頓大學任職多年；五是史蒂凡斯基（Ben Stephansky），他的事業多元化且傑出，曾出任美國駐玻利維亞大使、駐美洲國家組織大使，也當過就業研究中心（Institute for Employment Research）所長。

弗利曼感慨地說，年輕研究生及助理的衝勁、能力，與許多資深教授的沉悶、缺乏做學問的興趣，形成強烈的對比。後來，弗利曼觀察自己研究所學生的狀況，對於許多人在學生時代及日後成爲終身職教授，同樣判若兩人，大爲驚慌，於是他經常猜想，究竟他們學生時代時，他和其他教授們哪裡教錯了，或是日後他們任教時有什麼遭遇，竟使許多前途似錦的學生、知識分子變成第二等、迂腐，毫無創新精神的教書匠！

海勒在日後與弗利曼經常在公共政策議題上看法相異，有一度還就貨幣政策及財政政策交手，公開激烈論辯。皮克曼和弗利曼也經常意見不同，但無礙友情，直到一九八八年，皮克曼致慶祝所得會議創立五十週年的籌備委員一封信，提到「一九四一年學期結束時，研究生在海勒領頭下，向經濟學系陳情，要求聘弗利曼爲教授。系方拒絕我們的陳情，威斯康辛大學失去力勸弗利曼留在麥迪遜的機會。」海勒和皮克曼兩人常喜歡對認爲政治歧見必然代表感情交惡的新聞記者指出，他們在威大曾經爲弗利曼扛過抗議牌子。

到威大經濟學系一段時間之後，弗利曼觀察到該系的研究生和助教們的上進心都很強，但一般資深教授們卻對學術的進一步發展興趣缺缺。而且前者對該系中的缺陷都很明白，都希望弗利曼可以長期留下來，他們的消息也很靈通，他們對於文理學院（School of Letters and Science）院長謝樂禮（Sellery）提出要以副教授再聘請弗利曼三年而無永久任期（tenue）一案未獲經濟學系同意，表示非常不滿，於是由十七位年輕教員與研究人員連署，以書面向系方提出要求在經濟理論和統計學增加課目，並希望弗利曼能留下來，但系方卻表示不滿，認爲是對他們職權的無理干預。

直到一九四一年四月，弗利曼都不知他在威大的前途如何，之後始知院長原本提的是聘他三年副教授而且有永久任期，後爲便於獲得經濟學系的通過才取消永久任期。弗利曼獲知此訊息後，就在一九四一年四月十一日去函院長，詢問若經濟學系仍不通過將如何處理。院長告知即便經濟學系不通過，他還是會請校長將此案向董事會提出。後來校董事會於五月二十六日開會時並沒討論此案，因爲弗利曼已先告知有關方面，他不願意捲入經濟學系的複雜糾紛，接著在六月二日正式去函校長，以「將參加國防相關之研究」爲名請校長向董事會收回該案。

關於弗利曼聘案的校方態度眞相，顯示在文理學院院長於六月二十八日寫給米契爾的信上：「這對我與校長都是一件很感歉疚的事。我們聘弗利曼博士當副教授不能順利通過。弗利曼的工作和品格都是非常可敬的，他是一位君子與學者。不幸的是，他被捲入經濟學系內兩派的紛爭中。系內最優秀的成員大都是要他留下來的，但是反對他的人則做了一些卑劣的宣傳工作，這就使他決定不再接受我們的聘請。」

總括這場爭議掀起的原因有三：一是經濟學系中有些同事認爲弗利曼的來到可能會威脅到自己的職位；二是有些人認爲弗利曼的參與可能會影響他們想要將經濟學系從文理學院轉至商學院的企圖，因爲校長和院長都認爲經濟學系併入商學院將成爲附庸，這是很危險的；三是個人權力的欲念與反猶太主義的衝擊，至少有兩人是如此。

此外，還有一件事令商學院有些同事不滿，那是弗利曼應格羅夫斯之託所寫的一份建議書。他們對該建議書的標題就不滿意，該標題是「從社會科學觀點對威斯康辛大學統計學的建議方案」（Proposed Program in Statistics at the Uiversity of Wisconsin with Special Reference to the Socical Science）。他們對該建議書的最後幾句話也非常不滿，那是「一個學生不能在威斯康辛大學中受到充足的訓練，使他有資格教高等統計學或在統計方法的領域中從事獨立的研究。甚至就是他將所有開出的課程都修完，他還是不足以從事牽涉現代統計學之應用研究。」他們對於其中所提出的政策方案卻隻字不提。事實上，該建議書後來得到霍特林的大力支持，結果促成了許多大學成立獨立的統計學系，包括威大在內。

總而言之，弗利曼初次到大學教書就親自領教到有些學術人士的作風，是「如何的小心眼，如何的不值得敬仰。越微小的問題，越可看出他們所玩的政治手段越卑劣」。弗利曼爲自己慶幸及早就能得到教訓，而且好在當時戰爭經濟給了他機會，讓他能有幾年可以不回NBER而從事另一種非學術的工作。

三、聯邦政府財政部的工作

一九四一年六月，弗利曼結束在威大的教書工作後，因爲先前已允諾參加一個研究賦稅的暑期計畫，該計畫是在佛蒙特州諾威契（Norwich Vermon）進行，因而就直接到該地去了。此計畫是哥倫比亞大學教授蕭卜（Carl Shoup）向卡內基基金會（Carnegie Foundation）和公共行政研究所（Insitute of Public Administation）申請資助而進行的。蕭卜教授是著名的財政學家，是弗利曼在NBER服務時認識的。該計畫是研究如何以課稅方式防止通貨膨脹，由蕭卜主持，弗利曼和NBER另一位馬克女士（Ruth Mack）協助。

經由一個暑期的努力完成了該計畫，並提送財政部參考，在一九四三年以《以課稅防止通貨膨脹》（*Taxing to Prevent Inflation*）爲名出版。在此之前，弗利曼從沒參加過要利用總體經濟理論來研究的問題，這次卻需利用貨幣數量學說和當時新興的凱因斯分析（Keynesian analysis）。所謂的「貨幣數量學說」是謂「貨幣數量和物價水準有絕對正向關係」，亦即貨幣數量增加，物價就上升，反之亦然。當時的弗利曼認爲，此一說法太簡單了，不足以說明事實眞相，他就利用早期英國政府發表的白皮書所用的「通貨膨脹缺口」（inflationary gap）這種概念來分析。

根據該份白皮書，所謂的「通貨膨脹缺口」係指「當充分就業時，如果政府要用更多的資源，人民就要減少使用資源。此種轉移的資源數量相等，就不會產生通貨膨脹。因此，『通貨膨脹缺口』就是『政府支出的數量內沒有經由社會中另一些人減少同量的人力與物力的實質資源，而是民間用剩的那一部分。』……如果其間沒有這種『缺口』，政府也能得到實質資源的使用，就只有以漲價的方法『逼迫』人民減少這筆資源的使用。」

所以，爲了防止通貨膨脹，弗利曼認爲必須經由賦稅的課征來減少民間的需求，讓此減少的數量等於政府需要的增加。由此可知，這個時候的弗利曼還不是一個唯貨幣論者（monetarist），而是「受到當時流行的凱因斯觀點的影響」。

不過，由於這一個研究計畫，弗利曼獲得財政部的邀請，隨同蕭卜教授進入財政部服務，成爲「賦稅研究司」（Division of Tax Research）的重要經濟學者。這個時候的弗利曼深深感受到「戰爭雖正在國外進行，美國卻很可能被捲入，在財政部服務要比回到NBER更有意義。」事實上，不久之後珍珠港就在該年的十二月七日受到日軍襲擊，美國也就對日宣戰並參與二次大戰。這時的華盛頓就像羅斯福「新政」時期一樣，再度成爲一塊磁石，吸引許多像弗利曼這樣的學術人士前來服務、參與國政大事的研議。據弗利曼的親身體驗，這前後兩個時期華府的氣氛非常相似，大夥都很興奮而且樂觀。許多上一期弗利曼的朋友，幾乎都重聚在一起。以弗利曼自己來說，最大的不同是，上一期他只做些統計學上的經濟學的技術性工作，這次到華府則接觸到政府政策的擬訂和決定。這兩次在華府的經驗，都對弗利曼往後的事業產生重大影響。

至於弗利曼的夫人蘿絲，自從與弗利曼到威斯康辛之後，就沒有再出外擔任職務，夫妻倆都認爲一個家庭的子女是很重要的，當時就在期待子女的來臨。有了小孩後，蘿絲就要全力撫育子女，原本要寫的博士論文也自然擱置下來。到他們第一個女兒珍妮（Janet）在一九四三年二月二十六日出生，是產房裡最漂亮的女嬰，蘿絲果然從此之後就由一位經濟學家轉爲全職母親。

再回到弗利曼在財政部的工作情況，那是他第一次參與政府政策的實際擬訂，第一次接觸這樣的問題：如何能使立法得到國會的通過？如何準備對國會的證詞？如何爲別人撰寫講稿？如何在國會相關委員會中作證？弗利曼親身領悟到華府對於知識分子的吸引力，此即，使知識分子感到自己是在掌握著一個國家的命運，是在品嘗著令人興奮的政治過程，同時也體驗到操縱玩弄，無誠無義與自利追逐，也是這一過程所組成的一部分，公共利益的無私之倡導者與自己利益的追尋者，總是不易分辨清楚的。

弗利曼在那幾年所獲得的經驗，使他以後總會勸告他的研究所學生，儘量設法到華府去消磨幾年，但只能待個兩三年，否則就會沉溺於其中而不可自拔，那就不可能再回到學術界來了。

弗利曼舉例說明此情況。一九四一年春，羅斯福總統爲了控制通貨膨脹下令設一個「物價管理局」（Office of Price Administration，簡稱OPA），由當時頗負盛名的韓德森（Leon Henderson）任局長，高伯瑞（John Kenneth Galbraith）任副局長，底下還延聘一些著名的經濟學家如史蒂格勒、沙蘭（Walter Salant）和史坦（Herbert Stein）。當時弗利曼在財政部提出一個要阻止通貨膨脹所需增收賦稅的估計，爲了集思廣益，就邀請OPA與聯邦準備制度中之經濟學家也提出估計，結果OPA所提出的估計，要比財政部所提出的少得多，儘管兩者都採用凱因斯的方法，結果卻差異大。

當時OPA正在國會要完成立法手續以取得法律地位，到一九四二年的一月通過後，就在二月初重提一個關於所需增加稅額的估計。此一新估數額比財政部所提的增加不少。爲何OPA前後兩次的估計會相差這麼大？這是OPA的經濟學家也和一般經濟學家一樣，都知道眞正要阻止通貨膨脹，必須要讓消費者手中的現金減少，也就是要課他們的稅。OPA第一次爲何要估計特別少，係爲了說明物價管制功能的重大，而增稅所產生的效力有限，不足以擔負重任，所以需要有管理物價機構的出現。在該機構立法通過成立後，就可按理主張儘量增稅，以利其完成職責。由此可見，OPA這群人所關心的是自己的權力，並非公共利益。在弗利曼看來，這些對於估計的操縱，都是單純的徹底不誠實。

關於課稅對防止通貨膨脹的重要性，一九四二年五月七日，弗利曼第一次在國會作證時明白地表示：「現在通貨膨脹對於物價所產生的壓力已經很大，……如果通貨膨脹要被制止，此一壓力就必須以限制消費者的消費之政策來消除。課稅是最重要的方案，除非迅速地嚴加運用，只用其他方案是不可能阻止通貨膨脹的。」他也發現，「這一論斷的最顯著特色，是如何徹底的抱持凱因斯的觀點。我甚至沒提到『貨幣』或『貨幣政策』，除賦稅之外，我所提的其他阻止通貨膨脹的方案只有物價管制的配給、消費者的信用管制、政府支出的減少，以及推行戰時公債運動。」這些都顯示弗利曼當時是個徹底的凱因斯主義者，但戰爭結束不久，他就修正了，而且成爲反凱因斯主義者，有些人竟然說他「腐化了」。

自從第一次到國會作證後，弗利曼就成爲國會的常客，因而對於接觸到的參議員的作風、品性與學力有所體認。最先讓他得到重大教訓的是康納利（Thomas Connally）參議員對他的提醒。康納利是當時國會多數黨領袖，問弗利曼爲何要做一個詳細的修正，弗利曼完全以學術的態度加以說明，譬如「這有三個原因，第一、……第二、……」當他還未講完，康納利就打斷他的話而說了這樣一句話：「年輕人，一個好理由就夠了！」

弗利曼認爲塔虎脫（Robert A. Taft）參議員最讓他欽佩。當時國民所得會計是一個新的概念，而它在賦稅研討時扮演重要角色。塔虎脫要求財政部派員就此一概念跟他解釋。弗利曼就是被指派擔任此一角色，因而讓他對塔虎脫這位四度曾想成爲共和黨總統候選人而未遂的著名參議員之才識有所了解。弗利曼覺得塔虎脫是一位優秀的自學者，其學識、才能可以和弗利曼曾有密切接觸的政治人物中最出色的尼克森（Richard Nixon）相媲美。弗利曼認爲塔虎脫可以成爲任何一間大學教授群中的傑出者。

與塔虎脫相反的是拉佛列特（Robert M. La Follette, Jr.）參議員。拉佛列特的父親是威斯康辛州最著名的參議員，許多有關社會經濟重要法案都是他提出的，對於美國的發展有莫大影響。但他在長期擔任威州參議員任期內逝世，他的兒子就被選爲接替者，以完成其父所遺下的未滿任期。當任期滿而改選時，拉佛列特再參選而順利連任。弗利曼遇到拉佛列特時已是連任三次的資深參議員了，但弗利曼覺得他完全是依賴其父的遺蔭與原任者所獨享的優勢而已，因爲就他的才智而論，只是二流角色。

弗利曼有時也會被指派幫財政部長摩根索（Henry Morgenthau, Jr.）寫演講稿，這是他唯一的一位代爲寫講稿者，這是很有教育意義的經驗。弗利曼必須將複雜的技術性資料，以一般人都聽得懂的文字寫出來。

弗利曼在財政部的職務是如何改革稅制以協助籌措戰費，因而與部長的接觸非常頻繁，甚至還得陪部長到國會作證，他覺得部長是位品格高尚、操守嚴正、對總統絕對忠誠的人物。摩根索部長是羅斯福總統的親密朋友，在羅斯福當紐約州長時就曾當過多種職務。一九三三年隨羅斯福來到華府，於一九三四年一月就任財政部長，直到一九四五年七月羅斯福去世後才辭職，是美國史上任財長第二長的。弗利曼發現摩根索的學術能力很有限，很納悶這樣一個才能薄弱的人竟能居重要的高位。弗利曼之所以認爲摩根索學術才能淺薄，是他陪摩根索到國會作證時，摩根索堅持所有聽證會中都必須有人坐在後面支持，當被問到具體問題時，時常要下屬代答，有一次眾議員或參議員就說：「部長先生，我要知道你的意見，不是你的部屬之意見。」

財政部和聯邦理事會（Fed）定期一起吃午餐，出席人士有摩根索部長、Fed主席艾克勒斯（Marriner Eccles），以及兩個機構的專業人員。艾克勒斯和摩根索都是羅斯福的親信，但是兩人的對比卻非常顯著。摩根索很少說話，最多說些客套、無害的話，艾克勒斯則搶話說，口齒清晰，對任何議題都能侃侃而談，並且見解透徹、學識淵博。他很明顯有獨立的見解，毫不遲疑敢表達不合正統的意見。弗利曼對他很敬仰，對他的才智也十分佩服，不過他的喋喋不休的確有點討厭，他的政敵刻薄地攻擊他，說他「話多不絕彷如下痢，主意不通又如便祕」。

艾克勒斯自一九三四年十一月被委任Fed主席，到一九五一年七月辭去理事為止，一直是聯邦準備銀行的要角，他的特立獨行導致他在杜魯門（Harry S. Truman）總統連任成功後，與杜魯門發生衝突，杜魯門在一九四八年四月拒絕再任命他為主席。雖然卸下主席之職，艾克勒斯還留在理事會上。一九五一年，他對杜魯門干預應該超然獨立的聯邦準備理事會頗為不滿，遂於某個星期天，趁所有的聯邦準備銀行及其他政府機關都不上班的機會召開記者會，揭露白宮最近召開的一項會議。依照艾克勒斯的觀點，杜魯門在會中不當地堅持聯邦準備理事會變更政策。艾克勒斯因此辭職！

摩根索的才識有限，意味著他必須極端依賴顧問和部屬。許多人不願意部屬比他能幹，或甚至堪可匹敵。摩根索卻沒有這種性格缺陷，他身邊有一群非常能幹的部屬，幾乎從他接任財政部長開始，就非常倚重芝大教授范納當外界顧問，范納也推薦一些幹才到財政部任職，其中有些人雖然能力高強，卻因思想左傾，成爲高度爭議性的人物。

摩根索在財政部內最看重的顧問是金融研究處處長懷特（Harry D. White）。他加入財政部之前，是威斯康辛州勞倫斯學院經濟學教授，他當金融研究處處長，成爲部長的親信顧問，和部長建立親密關係。弗利曼記得有一次在部長室開會，大約十來人參加，由於意見不一，討論激烈，懷特和部長意見不同，懷特突然起身，臉色鐵青地說：「我最好先退席，免得說出不該說的話。」然後就衝出去，氣氛像是小學生吵架似的。

弗利曼記得在一九四二年的夏天，他與他所參與的賦稅研究司提出一種支出稅（spending tax），以補所得稅的不足，並替代一般稅率之提高的建議。凱因斯曾在一九四〇年出版《如何支付戰爭費用》（*How to Pay for the War*）這本小冊子，提出一個激烈的建議，就是推行「強制儲蓄」，等戰爭結束後才償付。目的就在降低民眾戰時的購買力，擴大戰後的購買力，以防止凱因斯及其信徒擔心的戰後不景氣。懷特和部裡的一些人，非常讚賞這個點子，打算找機會提倡，他們提出結合兩種新奇的方案：以支出而非以所得爲基礎，向大眾汲取資金，而且把部分經費當成是「強迫儲蓄」，而不是當稅款看待。但稅務研究組的人發展出「支出稅」的概念，強烈反對把這兩個新奇構想合爲一。

在一九四二年九月二日，也就是弗利曼他們要向參議院財政委員會提出支出稅方案的前一天，爭論尚未解，部長乃召開特別會議來解決，約有十七人出席，經過一番討論後，部長要大家表決，結果是十六票贊成提出支出稅方案，只有懷特這一票主張部分強迫儲蓄制。不過，這一票在摩根索部長心中的分量非比尋常，他乃批示提出部分強迫儲蓄制方案。結果是，這個提案到處碰壁，惹來訕笑，被認爲是一毛錢稅也課不到的新奇構想，而財政委員會各位委員認定該方案是「餿主意」！

大家公認懷特是「摩根索計畫」的構思者，該計畫倡議「把德國轉化爲以農牧爲主的國家」。盟國在一九四四年九月暫時採納此議，但後來改以另一個較溫和的方案取代。懷特還有另一項貢獻。一九四四年七月舉行的布列頓森林會議（Bretton Woods Conference），決定成立國際貨幣基金（International Monetary Fund，簡稱IMF）和國際復興開發銀行（世界銀行）（International Bank for Reconstruction and Development, or the World Bank）這兩個機構。懷特和凱因斯是會議上的兩個主角，懷特計畫和凱因斯計畫各擅勝場，最後結合兩人提案作爲IMF和世銀成立的基礎。

懷特在戰後調查共產黨人勢力的過程中，成爲一個高度爭議性人物。若干證人在眾議院「非美國活動委員會」（Un-American Activities Committee）提到懷特是共產黨員或是同情共產黨的人。錢伯斯（Wittaker Chambers）在其自傳《證人》（*Witness*）書中，提到他與懷特經常碰面，也由懷特那得到情報，但懷特不是共產黨員，只是一個同路人而已。

就弗利曼來看，懷特非常能幹、機智，但不夠淵博，懷特簡短地略微思索任何一個議題之後，他可以比任何有資格探討此一議題的人，提出更棒的分析，但是三天之後，他的分析依然不變，別人卻已更加深入去探究底蘊。弗利曼相信懷持太重視獨立自主，不會是共產黨員，但是他也不會躊躇就把機密資料洩漏給共產黨員，弗利曼認爲他當然動機良善。懷特對自己的判斷力有極大的自信，如果認爲把機密資料交給俄國人符合美國利益，他不會因爲上司意見不同，就不去做。某些比較不重要的事若是外洩給媒體知道，財政部的一般下屬共同的看法是，一定又是懷特走漏消息。

懷特數度遭眾議院「非美國活動委員會」召喚出席作證，他全都堅稱無辜。一九四八年又遭傳喚之後三天，他心臟病發而猝死。懷特家人認爲這是因爲聽證會太過冗長、壓力又大所致。

弗利曼在財政部提出的稅務改革意見相當多，其中對後來引起最大影響的是「個人所得稅的稅源扣繳制」（withholding at souce）。弗利曼當時之所以提出此制完全是爲了充裕稅收，以應戰費所需，後來果然達到目的。不過，沒想到因此而在戰爭結束以後，使政府可以有豐裕的收入去從事其職權的擴張，擴張到成爲一個讓弗利曼「要嚴厲批評的太龐大的、太侵擾的、太破壞自由的機構」。

紐約的戰時歲月：參加「統計研究小組」工作（一九四三－四五年）

一九四三年，所有能對戰事有所協助的財稅改革工作，大致上都已做完了，這時弗利曼的摯友瓦理斯邀請他到哥倫比亞大學「統計研究小組」擔任副主任。該小組於一九四二年成立，是動員科學家從事戰時工作的大方案之一部分，瓦理斯擔任主任。弗利曼答應幫忙，這樣他就結束了兩年在財政部的工作，他唯一的遺憾是因而就沒有機會參與戰後國際金融重建計畫的研議了。如果弗利曼仍留在財政部的話，他很可能會參加在布列頓森林舉行的國際會議。

「統計研究小組」是哥倫比亞大學的「戰爭研究部」（Division of War Research）中的一個單位，是政府中的「科學研究與發展局」（Office of Scentific Research and Development）的附屬機構。霍特林教授是學術上的領導人，也是這一組的行政主任。該小組的任務是要動員科學家在統計上直接協助軍事的進行，其服務的對象是陸軍部、海軍部、空軍司令部、海軍陸戰隊等等。由此可知，弗利曼對於戰時所擔當的任務又從一位經濟學家變爲統計學家。同時，他對於戰爭的貢獻也明顯要比在財政部工作大得多。弗利曼既然不願直接參軍，這應是最好的替代，他是一九四三年三月一日到紐約上班的。

弗利曼參加統計小組之後，接觸到許多傑出的人士，有他的老師霍特林，有他的知己朋友瓦理斯和史蒂格勒，有他在哥大的同學，其餘十多位都不是經濟學家，大多數是數理統計學家和數學家。弗利曼從他們的工作中學了不少，而他自己在工作中也有一些貢獻，其中最主要的是他提出的「序列抽樣」或「系統抽樣」（sequential sampling）概念。

一般而言，戰時軍需品生產的抽樣檢查是要選擇一個既定數量的樣本，很明顯地是精力的浪費。事實上，檢定過程本身就可提供資訊讓我們可以決定已經達成的信賴水準。因此，與其不斷檢定一個固定數量樣本，不如檢定到所預定的信賴水準已達到時就可停止。於是弗利曼就提出序列抽樣或系統抽樣概念，這引起華爾德（Abraham Wald）的興趣並作研究，結果寫出了一本影響力甚大的《序列分析》（*Sequential Analysis*）著作，而這種思想也很快被採納，序列分析也從此成為品質管制檢查的標準方法。

一九四五年八月十五日，日本無條件投降，統計研究小組的任務也跟著結束。弗利曼認為自己在數理統計學上的造詣也已達到最高峰，此後即走下坡。他覺得自己經歷了一段空前絕後的生活經驗，因爲該小組中所有同仁的用心都非常單純，都是在尋求一個共同目的之達成，此即如何謀求對戰爭力量的增加有所貢獻。小組內部很少糾紛，很少自利操作，大家都集中努力於各自任務的完成，這些情況是弗利曼過去所參加過的以及以後所參加的機構中所未見的。

在弗利曼新交的朋友中，最令他欽佩的是薩維奇（L. Jimmie Savage），他是一位天才且是重度殘障，視力很差，合乎法律上盲目的某些定義，看書卻看得很勤快，中學畢業後，學校不願推薦他上大學。在父親鍥而不捨下，終於進入大學，後來在一個深奧的數學分支學門拿到博士學位，參與統計小組後，成了數理統計學家。戰後他在芝加哥大學教書，夫婦倆和弗利曼他們私交甚篤。後來薩維奇轉到密西根大學執教，事業生涯止於耶魯大學，一九七一年去世，年僅五十三歲。

薩維奇有異常廣泛的好奇心和想像力，整個世界就是他的天地，決心盡可能去體驗它。弗利曼提到，有一次薩維奇和北極探險家合作，什麼都不吃，只靠乾肉餅活六個月左右，目的是爲實驗乾肉餅能不能提供充分均衡的營養。統計研究小組發表的許多純統計論文中，弗利曼曾和他合作，他倆也合作過許多經濟論文，後來成了人們所說的弗利曼－薩維奇效用函數。薩維奇的最大貢獻是出了《統計學基礎》（*Foundations of Statistics*）這一本書，該書被公認爲在數理統計領域掀起革命，也爲後來所謂「貝氏」統計（Bayesian statistics）的崛起奠下了基礎。

統計研究小組到一九四五年九月三十日才正式結束，史蒂格勒早在幾個月前就回到他原先任教的明尼蘇達大學（University of Minesota），瓦理斯是需多留一些時日，但幾個月後也回到他原先任教的史丹福大學（Stammford University）。弗利曼是可以回到財政部服務，但他絕不願以政府工作爲終身職業，他也可回去NBER工作，但那也不是他所愛的。弗利曼要的是一個學術生涯，到了九月間，伯恩斯夫婦來安慰蘿絲，要她不必擔心，弗利曼一定會成爲一個頂尖人物。蘿絲表示她毫不懷疑弗利曼的才識，但當時已是一家四口（他們的兒子大衛（David）已於一九四五年二月十二日出生）了，必須有一個可以長期落腳的地方。不久之後，經由史蒂格勒的幫助，明尼蘇達大學給了弗利曼一年的聘約。弗利曼夫婦就欣然攜帶兩個小孩前往明大任職，就這樣，弗利曼從此步上他一直以來所憧憬的學術生涯旅程。

四、明尼蘇達大學的日子

一九四五年秋，弗利曼應聘到明尼蘇達大學就職，雖然他曾在一九四一年赴威斯康辛大學任教一年，但因到校不久就被捲入經濟學系內部的派系之爭，讓他見識到大學教授生活醜陋的一面，沒有嘗到教授生活的樂趣，因而該段經驗只能看作一生中一段不愉快的插曲，不是學術生活的眞正開始。到了明大後，一開始就體驗到友善環境的愉快氣圍，除了好朋友史蒂格勒夫婦外，弗利曼夫婦很快地認識了系中其他成員，有年齡相近的，也有比他們年長的。

弗利曼每學期開兩門課，一是統計學，一是經濟學，學生以大學部爲主。不過，明大當時已在經濟學上有相當高層次的研究所課程，之後更大爲擴充。弗利曼原本就認識明大幾位經濟學家，更很快地與其他人熟識，系裡的氣氛與威大截然不同，沒有派系，人人友善。

弗利曼和史蒂格勒共用一間研究室，他倆在芝大當研究生時就是好朋友，合用研究室後更親密、交情更深，直到一九九一年史蒂格勒離世，都還保持友誼。史蒂格勒是個可愛同僚，是能相互砥勵的談話對象，也是很有建設性意見的評論人，他和弗利曼都是生活呼吸和睡眠都與經濟學結爲一體的人。

在明大這一年，他倆合寫了一本抨擊房租管制的小書，書名《屋頂或天花板》（*Roofs or Ceilings*）就是雙關語，意味著在我們頭頂上的屋頂（roofs，住宅），或房租的上限（ceilings，天花板）之間，我們可以有選擇。施建生教授對此書名予以詮釋，第一個字可直譯爲「屋頂」，第二個字「天花板」不是眞正的指天花板。因爲美國在戰時要控制物價，乃爲每物訂一最高價限制之，此一高價正如一間房子的天花板一樣不能再高了，因此這一限定的最高價即稱爲ceiling，可直譯爲「限價」。此一題目也就是「你要有房子住呢？還是要限房價（租）？」那是史蒂格勒的點子，第二次大戰期間實施的物價管制，包括房租管制在內，從一九四三年開始，直到一九四六年九月經濟教育基金會把他們這本小冊子收入《當前問題文集》第一卷第二號出版時，房租管制仍然存在。該題目的確受到矚目且引起熱議，基金會把該書的濃縮版提供給全國不動產協會聯合會，該會在發動反對房租管制運動時，將它印發約五十萬冊。

這本小書讓弗利曼初嚐公眾爭議的滋味，《美國經濟評論》（*American Economic Review*，簡稱AER）刊出一篇不友善的評論，執筆人班斯（Robert Bangs）把「這本文字精美推理嚴謹，大受歡迎的小冊子」稱為「政治文章」，且在AER中撰文抨擊說：「署名的經濟學家如此信口雌黃，對他們的專業絕對無益」。還有一位不友善的記者撰文說：「如果你們的學生讀完這本小冊子，仍然尊重你們的意見，我眞要為他們（而非你們）覺得抱憾。」

該本小書還惹出另一個非比尋常的爭論。經濟教育基金會由李德（Leonard Read）創立不久，弗利曼他們與李德之後時有來往，但該次的第一次合作卻風暴頻生。李德及其副手瓦茲（Orval Watts）強烈反對書中的一段話，並要求刪除，認為它可被解釋為「本基金會支持某一集體主義理念，而我們實際上非常嫌惡集體主義理念」，該段文字中譯如下：

「在自由市場下，較優的住屋是會被所得較多、財富較豐的人所占有。這一事實如果有任何意義的話，就正是說明了對於所得與財富的不平均狀況要加以減少，必須採取長期措施的一個理由。在一些像我們這樣認為現狀甚至還要更平均的人看來，不只是住屋，而是所有產品，對於目前的所得與財富的不平均，直接從其產生的根源入手處理，必定比對於各種構成我們生活程度之商品與勞務個別加以分配要好得多。聽任個人收到不平均的所得，然後採取繁瑣的費事措施，以限制他們使用他們的所得，這是極端荒謬的。」

弗利曼和史蒂格勒拒絕刪除，而且表示寧可退回微薄的稿酬、收回原稿，也不可刪除。最後這段文字未刪除而刊出，但在此段之後，另加一編者的注解如下：「作者沒有說明他們所謂的『長期措施』是否超越特權的消除之外。例如是否超越現由政府保護之壟斷這種特權之外，但是，無論如何，他們對於這一點的意見之重要性是值得注意的，它的意思甚至就是從那些將平等（均）置於正義與自由之上者的觀點看來，房租管制也是荒謬絕倫的。」

他倆都認爲這一注解實際上是控告他們是置平等高於正義與自由的，因而他倆認爲該注解是不可原諒的。因此他倆就決定從今以後絕不與該基金會或李德來往。不過，後來弗利曼出席蒙貝勒蘭學會（Mont Pelerin Society）會議之後，被困在巴黎的歐里機場，巧遇李德也在等候同一班機，經由幾小時的共處，彼此化解了爭執、言歸於好。後來弗利曼發覺李德是個風趣、堅守原則的人，兩人此後一直保持友誼關係。

李德在一九三〇年代末擔任洛杉磯商會祕書長，認爲羅斯福總統推行的新政使政府日益干預經濟活動，已違反自由。他在二戰結束前設法募足基金，在紐約成立經濟教育基金會。在他堅定領導下，該基金會成爲當時罕見的對自由社會，亦即經濟、社會、政治自由有原則且有效率的維護者。李德對他堅信的原則，絕不妥協。主要捐獻人若反對他堅決維護全面自由貿易的信念，他也絕不屈從，他最擅長主辦企業界人士參加的研討會。

經濟教育基金會也大力資助奧地利著名經濟學家、奧國學派重要領導人米塞斯（Ludwig von Mises），他在移民到美國後，堅決爲自由市場和自由企業辯護，以致任何主要大學都不肯聘任他。米塞斯在紐約大學主持一個著名的講座，此一講座是由民間贊助，並非由大學出的經費。

李德除了替自由市場大力鼓吹之外，也是個美食名廚，他好幾次到弗利曼芝加哥家中作客，親手表演美食廚藝，讓弗利曼夫婦和其少數知交好友品嚐珍饈。

房租管制不論在美國、加拿大、英國、法國或其他地方實施，都產生弗利曼和史蒂格勒預見的破壞效果。因而使他們那本小冊子洛陽紙貴，一再再版發行。

一九四九年美國停止物價管制，房租管制也宣告終止，但地方政府有權自行決定是否繼續維持房租管制。尼克森總統一九七一年八月十五日頒布《物價工資管制條例》時，也曾一度恢復房租管制。一九七一年初弗利曼在《新聞週刊》寫專欄，以這本小冊子書名爲文章的標題，指出：「紐約市以其一貫的自我毀滅本能，是全國唯一仍然管制房租的大都市。」一九七〇年代通貨膨脹來勢洶洶，不少美國城市紛紛採行房租管制。

一九七九年，舊金山正在考慮推行房租管制時，弗利曼說服《舊金山紀事報》重登他在《新聞週刊》發表的那篇文章，並加上一段如下的按語：

「身爲舊金山的新市民，我很驚訝聽到本市即將立法實施房租管制，鑑於其他城市及國家的經驗，以及文獻大量記載房租管制之弊，我很難相信除了騙徒及傻瓜，任何人即使粗略了解這些實證，都不能投票支持在本市實施的房租管制。

房租管制不僅將傷害到本市，也將傷害到本市較不幸運和最貧窮的市民。就我個人利益而言，我擁有一户合作公寓（cooperative apartment），房租管制勢必造成住屋匱乏，也必然推波助瀾使合作公寓價格上漲。因此，我或我的繼承人，將因實施房租管制而在財務上獲得暴利。

舊金山市議會諸公雖然不是騙子，也不是傻瓜，卻不能忘掉政治利益，還是批准實施房租管制。當然，我的公寓市場價值大漲。」

弗利曼在明尼蘇達大學的聘約只有一年，但在學年結束以前，校方已徵詢弗利曼，是否願意以副教授並有永久任期的職位繼續在明大服務，弗利曼也答應了，夫妻倆已有在該校長駐下去的計畫。但人算不如天算，在一九四六年春天卻出現意外的變化。這是芝加哥大學想要聘史蒂格勒擔任教授而引起的，借用史蒂格勒在他的回憶錄中所寫的話來說明：

「在一九四六年春天，我接到芝加哥大學想要聘我爲教授的約定，我當然對這一約定感到非常喜悅。這一約定能否成眞需與學校當局面談而定。我也就去了芝加哥與校長柯威爾（Ernest Colwell）面談，因爲校務長哈欽斯（Robert Hatchins）那天身體不適。結果我被否決了！柯威爾說我太重視實證（empirical）了，無疑的我那天是如此。因此這一教授職位就給了弗利曼，柯威爾校長和我就這樣啓動了一個新的芝加哥學派的創立。我們兩人對於那一聘請的完成都有功勞，雖然我有一段很長時間不願與柯威爾分享。」

在此順便提史蒂格勒的動向。他在一九三六年離開芝大到愛荷華州立學院（Iowa State College）擔任助理教授，一九三八年獲芝大博士學位後，就轉赴明大任副教授，一九四五—四六學年升教授。在這期間他請假十個月到紐約「統計研究小組」服務，該學年中返校。如今芝大既然不聘，史蒂格勒就轉至布朗大學任教一年，之後又轉赴哥倫比亞大學任教十年。而史蒂格勒爲何沒得到芝大聘約，也曾經引起一些謠言與猜測。根據史蒂格勒兒子史蒂芬（Stephen）的分析，按照常理柯威爾校長不可能推翻經濟學系的要求，除非系中最有權威人物反對。當時有個由一群計量經濟學家所組成的考列斯委員會（Cowles Commission for Research in Economics）設在芝大經濟學系，此一委員會很重視以數理方法去研究經濟學，其中有位重要分子名爲馬夏克（Jacob Marshak），他是該會與經濟學系合聘教授，他認爲史蒂格勒不夠數理化，不足以擔任教授職務。

五、返芝加哥大學任教

弗利曼夫婦雖然在明尼蘇達的生活很愜意，但能回到母校芝大自然會感到非常滿足。不過，能有這樣的機運顯然是以史蒂格勒為犧牲的，但史蒂格勒卻從未對他們的親密友誼有絲毫的影響，可以看出史蒂格勒的氣度之宏大。不過，史蒂格勒對這次芝大的拒絕聘任，在他內心所感受的打擊是很深重的，這從他之後數度拒絕芝大延攬的事實可以充分看出。到了一九五八年，當瓦理斯擔任芝大商學院院長時，向史蒂格勒提了一個待遇非常優渥的講座教授，才將他引回他所屬的芝加哥大學。

還有一件事讓弗利曼夫婦感到愉快，那就是蘿絲的大哥艾隆也在此時從華府回到芝加哥，並成為法學院中的第一位經濟學家，擔任該院的專職人員，並接替賽蒙斯在該校擔任的課程。賽蒙斯由於在暑期中服安眠藥過量而去世，但從種種跡象看來，這顯然是一種自殺，實在可惜。

弗利曼回來芝大是接范納的缺，教授原先范納在研究所開授的經濟理論課，而范納已轉赴普林斯頓大學（Princeton University）任教。弗利曼和范納的體型相似，個子都不高，肩膀寬，都不瘦。如果初見他們時他們是坐著的，等他們站起來時，就會訝然發現他倆的確不高，他們的頭腦也很相似——敏銳、精準、邏輯，有組織條理，但他們的性格卻十分不同。

參與首次蒙貝勒蘭學會大會

一九四七年四月，弗利曼出國到瑞士參加蒙貝勒蘭學會成立大會。弗利曼表示，那次的蒙貝勒蘭之行，以及日後他與該學會的關係，是他一生中的重要事件。該會的創始會員三十八人中，有三人來自芝大（奈特、艾隆和弗利曼），另有二人日後也加入芝大任教（海耶克和史蒂格勒）。

該次出國，弗利曼得以結識經濟學及其他領域的傑出學人，有些還成爲親密朋友，也加強了他對政治哲學和公共政策剛剛萌生的興趣。這些效應在日後都一一發酵，代價是與家人分別長久，那是他截至當時最長的分別。由於芝大的富於彈性，以及系上同仁的樂意配合調課，才讓弗利曼無困難的出門六個星期。

弗利曼之得以受邀參加蒙貝勒蘭學會，是艾隆介紹的，由於艾隆在倫敦政經學院遊學一年時結識了海耶克，而艾隆安排、撮合芝加哥大學出版社出版海耶克的重要巨著《到奴役之路》（*The Road to Serfdom*）。艾隆也是海耶克安排該大會的諮商者，弗利曼和史蒂格勒因而受邀出席，而且全程免費，為期十天（一九四七年四月一日至十日），在瑞士蒙貝勒蘭舉行這場盛會。

弗利曼、史蒂格勒和艾隆三人搭乘已解除戰時服役的「伊莉莎白女王號」郵輪赴歐洲，他們在南漢普頓下船，轉往倫敦。大戰已結束兩年，英國仍未完全復原，食物按配給發放、品質差，物價、工資及外匯嚴格管制，但百姓普遍遵行。黑市的確存在，但規模小，又掩飾得宜。

他們的第二站巴黎，情況截然不同。食品好，也有英國欠缺的活力感。他們離開巴黎時，史蒂格勒總結他的印象：「我現在曉得英國人、法國人和美國人的差異了。英國人遵守所有的法律，法國人不遵守任何法律，美國人只遵守良法。」他們觀察到英國人寧可守法而受苦，法國人卻因黑市而沒受苦受難，史蒂格勒得到這個簡潔的評語。

弗利曼第一眼見到歐洲就興味盎然，但仍以蒙貝勒蘭景色最為怡人。弗利曼這個年輕、沒見過大世面的美國人，與來自全世界的人見面，全都信奉自由派信念，在自己國家都受到包圍，有些已是知名學人，有些是新起之秀。與這些人結交，使弗利曼覺得生命充實，並且還能參與創辦一個學會，在維護及強化自由派理念上扮演重要角色。

多年之後，參與成立大會的知名新聞工作者戴文波（John A. Davenport，《時代週刊》總編輯），對該次大會有這樣的報導：

> 「由瑞士維衛（Vevey）的車站月臺，一輛小纜車駛上山腰。當我跳上纜車時，隱約感覺到山下將有新鮮的興奮事等著我。
>
> 果不其然，就蒙貝勒蘭學會第一次大會而言……它的確是一次奇特的集合，也是許多與會人士生命的轉捩點。
>
> 當時五十多歲的海耶克，還喜歡叼一根菸斗；奧地利經濟學派的宗主米塞斯，他也是提攜海耶克的前輩；馬哈祿普、哈伯勒、和藹可親的拉帕德（Jovian William Rappard）校長主持了好幾場激烈的討論會；日內瓦的洛卜克（Wilhelm Röpke）在會中與佛萊堡大學（Freiberg University）的尤肯（Walter Eueken）聯合提案，促成一九四八年德國的幣制改革；牛津大學的裘克斯（John Jewkes）著有《計畫的考驗》（*Ordeal by Planning*），以及矮小的哲學家和理則學家波普（Karl Poppor）；即使任職《紐約時報》卻仍不屈不撓替企業伸張的亨利．赫茲利特（Henry Hazlitt）；加上幾位後來的芝加哥學派著稱的學人：奈特、艾隆以及弗利曼，此時後者距他的《選擇

的自由》（*Free to Choose*）思想仍有一段距離。」

弗利曼說他印象最深刻的一位人士是德國的尤肯，弗利曼對他在吃到七、八年來第一顆橘子的那種喜悅神色印象深刻，這也鮮活地印證了活在集權主義國家，以及飽受戰亂，並且遭到強權施加嚴格控管之下的可能經歷。尤肯反抗納粹的勇氣，成為傳奇故事。他是歐哈德（Ludwig Erhard，二戰後在西德總理艾德諾內閣長久擔任財經部會的首長，艾德諾逝世後，繼任西德總理）的老師，協助推動一九四八年歐哈德的貨幣改革，由貨幣改革為起點，產生日後的德國經濟奇蹟。更擴大地說，他的理論奠定西德的「社會市場經濟」基礎。

雖然全體與會人士擁有共同的基本價值，但他們在如何因應針對這些價值而來的抨擊，或是實現這些價值需要的政策方面，意見卻未必一致。弗利曼記得有一次會議就發生激烈爭論，對於宗教和道德價值在促成及維護自由社會的角色、工會的角色，以及政府以行動影響所得分配的適度性等議題上，吵成一團。弗利曼特別記得在討論這個議題中途，米塞斯站了起來，宣稱：「你們全是社會主義者！」就衝了出去。事實上，弗利曼認為全場的人士即使以最寬鬆的標準，也沒有一個人夠得上是社會主義者。

與會者的歧見也延伸到這個組織要如何定名，最後大家決定就以集會所在地蒙貝勒蘭爲名。這個名字也沒什麼不妥，因爲蒙貝勒蘭的意思是「朝聖」（pilgrim），不過，這是因爲其他提案都有人不滿，就折衷選了它。多虧羅賓斯（Lionel Robbins）起草一份「宗旨聲明」，除了一個人外，全體與會人士都接受這份聲明。

星期六和星期日不開會，安排一趟遊覽，所有事務都由瑞士商人胡諾德博士（Dr. Albert Hunold）一手安排。他負責籌足資金主辦在瑞士的這屆會議，並一連多年擔任學會祕書長。美國人士的旅行費用則由聖路易市的伏爾克基金（Volker Fund）資助。

遊覽活動不只是令人賞心悅目，也提供機會讓與會人士非正式地交換意見，是任何會議都很重要的節目。大會結束後，胡諾德製作一本相片集，配上部分原始文件，是與會者最珍貴的一件紀念品。

芝加哥大學的特色

一九四六年秋，弗利曼夫婦終於能回到他們心中的「我們的大學」，當然非常滿意。也就在那一年，弗利曼獲得哥倫比亞大學頒發的博士學位，這是遲來的，因爲他早已完成博士論文，由於二次大戰爆發而擔擱了。究竟芝加哥大學是怎樣的一間大學？弗利曼曾這樣說：「芝加哥大學是以濃厚的激勵性的學術空氣而著名，重視思想與觀念，學術討論之進行完全憑各人的學術能力，不問其在校中的等級，對於非傳統的意見都能容忍，在不同學科之間亦常交流——這些都是我們繼續認爲是『我們的大學』的特色。」

這些特色是如何形成的？芝大是一八五七年創立的，一八八六年曾關閉，在一八九二年獲二十世紀全球首富洛克斐勒（John D. Rockfeller）資助復校。大致而言，早年美國大學的設立要不是爲上流社會階級的子女接受高等教育，就是爲各宗教流派培養神職人員。但芝大卻不是這樣的，它自始就是以從事高深研究和培育研究生爲宗旨，希冀成爲一個純粹追求高深學理與傳播高深知識的學術中心。這種打破傳統的積極進取作風，在美國教育史上是首創的，只有約翰霍普金斯大學（John Hopkins University）和芝大相同。

在芝大中成立的經濟學系也自然朝此方向努力，幸運的是，當時的校長哈波（Harper）能從康乃爾大學將其經濟學系主任賴夫林（James L. Laughlin）延聘過來當系主任。弗利曼認爲賴夫林擔任系主任之貢獻較大且影響深遠，因爲賴夫林雖然堅持保守思想、主張實質貨幣，但在教員的聘請和系務的推展，卻對不同思想的人採取特別容忍的態度。一開始就把范伯倫（Thorstein Veblen）從康乃爾帶過來，而且在系中任教長達十四年之久，這是在范伯倫坎坷一生中僅見的。

賴夫林在芝大最早的一項措施是創辦了《政治經濟期刊》（*Journal of Political Economy*，簡稱JPE），由他自己擔任主編，范伯倫任執行主編。賴夫林對於教授的研究工作非常重視，對於研究生也是一樣，認爲這是他們所受訓練的一部分，而這些芝大經濟學系的特性都一直保持著。這與此後主持校務與系政者的人品有關。就校務來說，最主要的一位人物就是哈欽斯，他在一九二九年擔任耶魯大學（Yale University）法學院院長，之後到芝大，先以校長再以校務長名義治理校務，當時他僅三十歲。哈欽斯是個非凡且富有領袖魅力的人物，相信在閱讀和研究上的學術成就是大學所追求的唯一目標。他一直以此爲治校要務，努力以赴。經濟學系在這種大環境下，再加上賴夫林早期奠定的優良基礎，自然就很順暢地發展。到了一九四六年，弗利曼以副教授返校時，經濟學系所在的四方院大樓（Quadrangle）附近景色依舊，但人事已非。在他當學生時的教授只有三人仍在校服務，分別是奈特、敏茲和道格拉斯，其他都是新人。

教授陣容的變化

新教授中，藍格是波蘭人，一九三八年受聘爲副教授，是爲要滿足當時芝大經濟學系的多方面需求。他是對經濟理論之新發展有切實研究者，是凱因斯革命的先鋒，由於對資本理論和效用理論都有深入研究，被看成是卓越的數理經濟學家。他也認爲價格理論可用於社會主義的經濟體制，可解決資源調配問題，這是對海耶克、米塞斯認爲社會主義無法運作的解答。

藍格的研究重點在數理經濟學和計量經濟學，正可補舒茲的不足，但他到校不到半年，舒茲就因車禍而死亡，藍格也就成爲系中在這些領域中的重要角色。藍格的教課像范納一樣的條理分明、組織嚴謹，更得到學生的愛戴，而且他與同事相處也彬彬有禮，對於范納和奈特更是崇敬。所以，藍格在芝大經濟學系是位人人都喜愛的人物。

一九四四年，藍格出版《價格伸縮性與就業》（*Price Flexibility and Employment*）這本書，弗利曼曾對此書寫了一篇書評，蒐錄在他的《實證經濟學論文集》（*Essays in Positive Economics*）之中。爲了芝加哥經濟學系對經濟理論的最近發展有更深切的了解，藍格曾建議系方應多聘這方面的人才來任教，特別是對勒納（Abba P. Lerner）的延聘，但無法說服同仁而告失敗。到一九三九年考列斯委員會駐留芝加哥，其研究主任馬夏克就成爲經濟學系的合聘教授。藍格甚感欣慰，並希望馬夏克和他在教授聘請上能合作，但到一九四五年，藍格恢復波蘭籍，轉任波蘭駐美國大使，之後返國參政而完全脫離學術界。

接著看考列斯委員會進駐芝大這件事。該委員會是一九三二年由考列斯（Alfred Cowles）創立的，旨在「促進經濟理論與經濟學和統計學之關係的科學研究與發展」，原先設在科羅拉多大學（University of Colorado）。一九三九年遷至芝大與經濟學系密切合作，以補當時經濟學系之在數理經濟與統計學方面的不足。但該委員會的人事和會計是完全獨立的，其人才濟濟，多人後來獲得諾貝爾經濟學獎，計有亞羅（Kenneth Arrow，一九七二年得獎）、庫普曼（Tjalling Koopmans，一九七五年獲獎）、克萊恩（Lawrence Klein，一九八〇年得主），以及哈維默（Trygave Haavelmo，一九八九年得獎）。該委員會前後兩位研究主任都與經濟學系合聘爲教授，前者是馬夏克，後者是庫普曼。

馬夏克出生在俄國，先在德國海德堡大學（University of Heidelberg）任教，當希特勒執政後就移民到英國，之後再轉到美國，是個極富創意的多產學者。庫普曼出生於荷蘭，曾與第一屆諾貝爾經濟學獎得主丁伯根（Jam Tinbergen）共事，一九四〇年移民美國，一九四四年參與考列斯委員會。這兩人的個性不同，馬夏克較熱情，庫普曼則比較冷漠。前者是真正學者，對經濟學各部門都有興趣，他曾與弗利曼一同在系中開貨幣學課，也常一起開系會，彼此熟悉。庫普曼專門研究非常狹隘的經濟學與統計學上的理論問題，利用聯立方程式為經濟體系建構模型，這也是他獲頒諾貝爾獎的原因。該委員會的研究人員後來都成爲數理經濟學與計量經濟學的領袖人物，他們時常在晚間開研討會，弗利曼和經濟學系其他人員也常參加，兩個單位間的往來非常頻繁。

弗利曼喜歡在會中發言，對他們的研究方法不表認同。同樣的，該委員會研究員也常參加經濟學系的討論會。其實，有些研究芝加哥經濟學系發展歷史的人士，認為該系與考列斯委員會處得不怎麼融洽。由於兩者對於經濟學研究方法都有各自的強烈主張，這種意見不合的君子之爭自然難免，但應當不至於發生嚴重的後果。例如對於該委員會的離開芝加哥，弗利曼就這樣說：「在一九五三年，儘管經濟學系與學校當局都力勸考列斯仍將委員會留在芝加哥，考列斯還是要將它遷往耶魯。我相信我們之所以不能勸他留下來，一方面是由於考列斯本人與耶魯的關係密切，他是耶魯的畢業生，另一方面是耶魯所提供的財務協助遠非芝加哥所能負擔。不管什麼原因，這一移動都是芝加哥的重大損失。」

另有一個新人是施爾多．舒爾茲（Theodore Schultz, 1902～1998），他是一九四三年到芝大的，不久之後就擔任經濟學系主任，而且長達十五年。他是一位幹練的主任，在其領導下，全系同仁都合作無間、和諧相處，絕對沒有像弗利曼在威大所發生的，以及其他各校也常發生的人事糾紛。到芝大之前，舒爾茲是愛荷華州立學院（Iowa State College）的經濟學和社會學系主任，當了十年之久。在這兩段期間吸收了一群優秀的青年教師，這群人到後來差不多都成爲各自學門的領袖人物，其中有許多來自芝加哥大學。由於舒爾茲主修的是農業經濟學，使得愛荷華大學被公認爲是此一學科最著名的學校。也因爲如此，使一個完全是在城市的芝加哥大學，也成爲研究此一學科的一個中心。舒爾茲在一九七九年之所以獲得諾貝爾獎，他在此學門的傑出貢獻是主因，人力資源的研究是另一原因。他之所以離開愛荷華大學，是因爲爭取學術自由而辭職，跟他一起到芝大任教的還有強森（D. Gale Johnson, 1916～2003）。強森本來就是芝大出身的，之後成爲芝大社會科學院院長，再轉任教務長，但一直沒脫離經濟學系，也沒停止從事重要研究。

弗利曼的恩師奈特本來就是重要人物，被尊爲芝加哥學派的掌門人，直到一九五五年退休爲止，在系務上一向活躍、積極參與。弗利曼夫妻與他的關係特別親密，部分是因爲蘿絲曾任奈特助理與奈特夫婦走動頻繁，部分是因爲艾隆與奈特情誼莫逆。奈特經常在自家設宴，邀集各方英雄大話天下，尤其有校外學人過境芝加哥時，更不放棄切磋機會。參與聊天的組成分子常常不同，但艾隆，弗利曼夫婦以及路易斯（H. Gregg Lewis）則是常客。

艾隆雖非經濟學系老師，但對經濟學系的學術氣氛卻大有貢獻，上文已提過，芝大法學院是全美首開風氣，在法學院聘任經濟學者的機構之一，賽蒙斯既有經濟學系教授身分，也是第一位接受法學院聘書的經濟學者；艾隆則是第二位，在法學院、經濟學系及商學院教授群之間的互動，起了極大作用，他也藉開課和創辦《法律與經濟學期刊》（一九五八—六三年任總編輯），開創法學和經濟學跨學門整合。此領域在過去數十年蓬勃發展，弗利曼的兒子大衛也進入這個領域，和奈特一樣，艾隆住在鄰近地區，不時舉辦聊天大會。

另一位弗利曼在芝大當研究生就認識的教授是道格拉斯。一八九二年出生的道格拉斯，一九二〇年應聘到芝大擔任勞資關係學助理教授時，已經是知名的勞工經濟學專家，他的論文非常多，其助理抱怨說，他的論文一篇又一篇寫完，比她能校讀完稿的速度還快。道格拉斯具有多方面的興趣，又積極參與公共事務，在一九三九年到四二年間，曾擔任區議員，大力主張大政府干預經濟事務。艾隆在一九二七年初到芝大時是追隨道格拉斯，並合寫過《失業的問題》（*The Problem of Unemployment*）這本書，後來艾隆受到奈特的影響，逐漸與道格拉斯疏離。

道格拉斯專研生產，而「柯布—道格拉斯生產函數」（Cobb-Douglas Production Funtion）幾乎是經濟學界無人不知的名詞，他也是一位數量勞動經濟學的先驅，奠定了芝大實證勞動經濟學的基礎。

當珍珠港事變發生，道格拉斯自動以五十歲之齡，且以二等兵身分參與美國海軍陸戰隊，儘管他的宗教信仰是主張反戰的教友會（Quaker）。一九四六年退役前已升爲中校，一隻手臂傷殘是其參與作戰的明證。退役後，道格拉斯與弗利曼同一年重返芝大任教。一九四七年，他擔任美國經濟學會（AEA）會長，就職演說中針對「是否有生產法則？」以統計學觀點提出精闢見解。一九四八年，道格拉斯代表民主黨競選聯邦參議員獲勝，並連任三屆共十八年。

路易斯在一九四六年是芝大經濟學系助理教授，早年曾擔任道格拉斯的研究助理。他開授勞動經濟學課程，後來在此領域成就非凡，雖然他沒當過系主任，但在各種被交付的職務上，都展現出一流的行政管理才能，完美地完成任務，而且他也有令人欣羨的學術紀錄，也指導了許多研究生論文。一九七五年路易斯受聘轉赴杜克大學，以迄退休。

在弗利曼加入芝大經濟學系的同一年，在統計研究小組結束後到史丹福的瓦理斯，也接受芝大商學院之聘，主要教授統計學。他同意受聘就得放棄他在芝大已修畢的所有學分，符合一切條件，只差論文就可到手的博士學位。芝大有一規矩，任何已獲聘爲芝大終身職教授者，學校不會再授予博士學位，這是爲了維護學術水準的一項規矩。當年，擁有博士學位與否，並不像現在這樣攸關事業成功。由瓦理斯日後的事業發展來看，沒拿到博士學位並不是重大犧牲，他後來獲得好幾個榮譽博士學位，他是弗利曼夫婦的好友、芝大的一位良師。

弗利曼在芝大經濟學系的教學授課

在芝加哥大學三十年，弗利曼大體上只開價格理論和貨幣理論兩門課，前者在一九四八—六二年，以及一九七一—七六年所開，後者是早期任教時，先教初級課，再於一九六三—七〇年開高級課。弗利曼也針對不同的經濟議題，召開學術研討會，一九五三年更成立貨幣金融工作室（workshop），該工作室對其著作既能提供激勵，也可獲批評以改錯，更可借助學生同僚的相關研究，有所裨益補充。這項結合促成了所謂「芝加哥學派貨幣經濟學」的誕生。

二戰時高等教育學府的入學率大幅下降，但戰後初期卻增加逾一倍以上，芝大經濟學系有許多學生就讀，該批學生與一般的學生大不相同，他們較成熟，不少人曾在服役時當過軍官，負過相當的責任，許多人已結婚，基本上認眞向學、急欲完成學業，好在事業上起跑。弗利曼深深感覺他們是他有幸教到的最能幹、最有意思的學生。

芝大必須煞費心思接納這批新生，經濟學系也需調整，弗利曼教授的初級經濟理論課，是他十四年前當學生時范納開的課，那時一班學生三十人，但在弗利曼教課時卻加倍爲六十人，於是他在同一季開了兩班。起先弗利曼認爲將會無聊、沉悶，實際上正好相反，不但一點都不無聊，還改善了教學品質，第二班的學生占了便宜，因爲弗利曼會根據第一班的授課做些改善。

弗利曼同時開兩班課持續了十二年，之後相當長一段時間，一年中要開兩次爲期兩學季的經濟學理論課，一次是秋季和冬季，一次是冬季和春季。同時，他也在大學部開一門爲期一季的貨幣金融學。這些課通常是每週上課三次，每次五十分鐘。在研究所方面，正常的全職教授通常開兩門課，每週上六小時。在不是學界的人士眼中，這種工作太輕鬆了，弗利曼記得一個故事是：某州議會審查給州立大學的撥款時，一位農夫出身的議員說：「他們要教課幾小時？」聽到「十二個小時」後，這位議員說：「一天十二小時，可不算差呀！」

內行人都知道，實際花在備課和教學的時間一定是好幾倍於課堂上的時間，譬如花時間準備教材，與學生談話、解惑，以及批考卷、作業等等，而且系裡還要進行「初級測驗」，任何學生要拿碩士或博士學位，都得先通過初級測驗。這項測驗涵蓋與科目主題有關的範圍，不考特定課程的內容，而且出題和評分都由教授群組成一個委員會負責。此外，指導碩士和博士論文寫作，通常都比課堂講課更花時間，但老師也很有收穫，因爲能和一位學者本身的研究起互相切磋的互補作用。

弗利曼在六十五歲時退休，他很高興從此不必再批改考卷了。弗利曼喜歡教書，也喜歡和學生互動交往，但改考卷是另一回事，他從來不滿意選擇題，因它可用機械方式給分。他覺得如果考試的唯一功能是給學生打分數，那麼考試就是浪費時間。考試應以有助於學生教育爲目的，做爲激勵的工具。因此，弗利曼一向避免出要學生純粹重複課堂討論或指定讀物素材的題目，反而是出一些學生必須運用課堂上教的原理，去解決從未遇上的問題之題目。不過，要給這種考卷打分數，是頂耗費心神的事，弗利曼表示，針對同一個題目，他必須讀三十至六十個不同的答案。弗利曼煩惱的是，閱卷的結果打擊他的自信心，他一再發現，他自認已講得清楚、透徹，偏偏學生們並未眞正了解。學生們或許可以重述他講的內容，但只有少數幾個人能把它用在新的脈絡裡。這使得弗利曼覺得他當老師是失敗的，也讓他感到改考卷、評分數是耗時且沮喪的工作。

不過，有趣的是，許多學生事隔一、兩年之後，並未補修課再就同一主題接受初級測驗，卻展現出不同以往的了解！弗利曼在當學生時就發覺學生們由同學身上及自修所學，遠勝於來自教授之教學。

價格理論

弗利曼承接范納爲研究生所開授的經濟理論課，在擬訂參考書目時強調要讀原本，利用上課教學生多認識過去偉大的經濟學家，以及晚近的新發展。在教經濟理論時最初是以馬夏爾（Alfred Marshall）的《經濟學原理》（*Principles of Economics*）爲基本的教本，弗利曼要傳輸的是馬夏爾所謂的「經濟學是發現眞理的引擎」，不是數學的一支。他相信這是「芝加哥經濟學」的特色，與其他一些主要大學對研究生所傳授的經濟學是不同的。數年之後，班上有兩位同學根據他們上課時的筆記編成一本書。經弗利曼改刪之後就以《價格理論》（*Price Theory*）爲名由油印方式發行。

由於這一油印本流傳甚廣，弗利曼就在一九六二年以微薄的紙張正式刊印發行，並在書名上加上「一本暫時的教本」（a Provisional Text）一詞，表示以後還要修改。十四年後一本修正、擴大的《價格理論》終於出版，弗利曼的序文這樣寫著：「自從這書初次發刊不久以後，我就從教價格理論改教貨幣理論將近十年。三年以前，我又再教價格理論，翌年（一九七五—七六學年）我計劃最後一次教這門課。因此，如果我眞的要對那冊於一九六二年的暫時教本大肆修改的話，這就是時候了。我不能自認現在這一版本是我早年教這門課時在腦海中（或者在我年輕時的夢幻中）所意圖完成的著作。但是這已經是大肆擴充了的，而且我希望是一改進了的版本。」

這本書從來不曾暢銷，卻一直被採用爲教科書，且每年仍有相當銷量，初稿曾被譯爲西班牙文、葡萄牙文和日文；改訂版也被譯爲德文和法文。弗利曼自己認爲有油印本和出書，使他上課時減少講課時間，多出時間來準備新教材，且與學生多做討論。

同時，弗利曼表示他給學生的評分，不限於考試時的成績，還要看他對所指定的課外作業的情形。他說有一次他在上課時，指定一個問題要大家帶回去作答。結果最優秀的、最有原創性的、最深入的分析是出自一位中國學生，但他在考試時的成績則非常差。由於這件事的啓發，使他相信只根據筆試來評分是不公平的，課外作業的表現至少是同樣的重要。這位中國學生的博士論文是弗利曼指導的，後來他到中國訪問時也曾遇到這個學生。

貨幣理論

弗利曼之所以改教貨幣理論，部分原因是他的研究重點轉至此領域，主因是經濟學系覺得價格理論這門課的內容大體上已穩定。敏茲教授在一九五三年退休後，貨幣理論這門課的講授失去連貫性，在他退休後的十年之內，這門課由系裡幾位教授相繼開過，內容大不相同。雖然弗利曼的研究重心已逐漸轉到貨幣經濟學，但他過去卻沒教過貨幣理論，為了避免過分專注一門，他寧願教與他自己所做研究科目不同的課程。

最先弗利曼有意以他的講課內容為基礎，編寫一本貨幣理論教科書，也的確把演講錄音下來，且把錄音做成抄本。不過，錄音帶的謄本寫得很差，蘿絲花了相當多的時間想去訂正，卻發現事倍功半，遂決定放棄。

一九五三年，弗利曼引進一種自然實驗室式的工作室，成立貨幣金融工作室和芝大其他領域所成立的類似工作室，由於成效卓著，其他許多大學紛紛起而仿效。我在一九八五年到芝大經濟學系當一年訪問學者時，就曾親身見識各個工作室的盛況，每個星期都有幾場的不同領域工作論文發表會，參加者很踴躍。

弗利曼敘述他成立工作室的經過：先爭取校方同意，把工作室設在社會科學大樓地下室某一房間，找了一些人家不要的桌椅就開張了。他從洛克斐勒基金會取得一筆獎助金，提供幾位學生財務協助，又買了三具二手桌上型計算機。該工作室約有十多位研究生，專事貨幣領域研究，一週聚會一次，討論問題，隨著工作進展，將研究成果提出讓大家批評、建議。過了一段時間，芝大經濟學系和商學院的老師也來參加，其他學校的學者偶爾也來提出初步研究成果，供大家切磋。

弗利曼主持該工作室超過四分之一個世紀，一直維持兩個規矩：一是不繳稅就無代表權，亦即除非在貨幣領域進行積極研究，且願意提出一篇以上論文者，否則不能參加；二是所有的會議都以事前分發的書面論文爲討論基礎，論文作者只有五分鐘左右時間更正論文內容或補充意見。弗利曼深信這些規矩是工作室成功的關鍵，它使工作室成爲積極從事研究工作者的團體，大家集會來切磋、改錯，使它不至於又成爲一系列提供資訊的演講，雖然演講也有其效用，但許多研究生的研討會已提供了此種功能。

這個工作室成功地教導學生研究方法、鼓勵快速完成博士論文，且加深貨幣領域的研究品質，由於工作室逐漸發展成爲各地從事貨幣理論研究學者的測驗場，在芝大及其他校園都頗負盛名。這個工作室激勵出不少研究成果，不只寫成博士論文擺在圖書館書架上，還發表在學術期刊上，或是寫成書出版。工作室本身出版了幾本書，主要是以工作室內完成的論文爲內容，這些書中的若干文章已成爲探討該主題的經典作品。不同人士以不同方法研究相關問題，所產生的累積效應，對於人們了解貨幣現象的貢獻，遠超過任何單一學者的研究。

弗利曼在芝大任教期間，曾到英國劍橋大學講學研究一年，體驗到導師制的教學方式。弗利曼也曾到加州大學洛杉磯分校和夏威夷大學各任教一個學季，偶爾也到其他地方作一、兩天的短期講課。

在芝大教學的三十年間，弗利曼一共指導了七十五篇博士論文，平均每年兩、三篇，不要說奈特只指導兩篇沒得比，一般而言也是較多的。弗利曼的口齒伶俐、說理清晰、態度懇切，而且反應敏捷，到校不久就成爲系中的首腦人物，被學生視爲偉大的老師。弗利曼教出了很多傑出人才，以獲得諾貝爾獎來說，就有三人是他直接教導的，一爲布坎南（James M. Buchanan, 1919～2013），在一九八六年得獎，二爲貝克（Gary S. Becker, 1930～2014），在一九九二年獲得，三爲盧卡斯（Robert Lucas, Jr.），在一九九五年得獎。其他當他在芝大執教期間曾間接受其影響而獲獎者的也有三位，一爲馬可維茲（Harry Markowitz, 1930～2014），在一九九〇年得獎，二爲修斯（Myron Scholes），在一九九七年獲得，三爲黑克曼（Jams J. Heckman），他在二〇〇〇年獲獎。

弗利曼覺得能在芝大任教是很幸運的，有著「集天下英才而教之，不亦樂乎！」之感。同時，弗利曼相信教書是一種雙向的過程（a two-way process），也就是我們常說的「教學相長」，他由與學生互動中也學了不少，而且還能寫出許多的學術文章，自然更感到欣慰了。

在教學研究工作之外，弗利曼還從事大量的社會活動及學術交流，包括一九五七―六九年擔任《經濟計量學期刊》編輯；一九六四年擔任高華德（Barry

Goldwater）的總統競選顧問；一九六六—八四年，每三個星期爲美國《新聞週刊》（*Newsweek*）雜誌針對時事寫一篇文章，並從此成爲家喻戶曉的人物；一九六七年擔任加州大學洛杉磯分校客座教授，同年擔任美國經濟學會會長；一九六九—七一年擔任尼克森總統經濟顧問委員會委員；一九七〇—七二年，擔任蒙貝勒蘭學會會長；一九七七年退休後，轉赴史丹福大學胡佛研究所擔任高級研究員；一九八〇年與蘿絲製作了一個十集的電視連續節目「選擇的自由」（Free to Choose），而且還修整成暢銷書出版，使他的知名度攀升到極度。一九八〇年弗利曼也擔任雷根總統的經濟政策協調委員會委員。

弗利曼曾到多個國家訪問，一九七三年首次訪問台灣，此後又多次到訪，和經濟學家官員見面討論經濟問題，對台灣的活力充沛私人企業經濟，以及清楚且穩定地促進民主和個人自由，印象十分深刻，弗利曼記得和李登輝（當時爲北市長）長談，並帶回李登輝書寫的一幅很漂亮卷軸，掛在他們第二個家的牆上。弗利曼曾獲美國、日本、以色列、瓜地馬拉等國大學的多項榮譽博士，也曾榮獲羅塞（P. S. Ruscel）服務傑出經濟學教授。他是當代自由經濟最有力的代言人，芝加哥學派在其領導下聲名大噪。一九五一年得到克拉克獎、一九七六年榮獲諾貝爾經濟學獎，一九八八年獲美國國家科學獎，同年獲頒「總統的自由勳章」（Presidential Medal of Freedom）。二〇〇六年十一月十七日逝世，享年九十四歲。

第三章　弗利曼的學術貢獻及自由經濟理念傳布

弗利曼是一位家喻戶曉的人物，其在學術上多方面及多樣化的貢獻，不僅由於其長期對經濟研究的清楚及透徹的積累與介紹，且爲理論上的審愼思慮。加上弗利曼具有優越的文字素質及高超的表達技巧，以及其涉獵公共政策，使其在經濟學術界和一般社會大眾中都卓有名望。

弗利曼之所以榮獲一九七六年諾貝爾經濟學獎，乃因其在消費行爲分析、貨幣史和貨幣理論、穩定政策的總合研究上之卓越貢獻。他在經濟學術上的貢獻，至少表現在四個方面：一是藉著自己對小型模式以及貨幣角色的研究，重新燃起人們對方法論的興趣。二是利用恆常所得假說，重建消費函數理論。三是經由他對歷史資料的實證研究，使美國經濟史的重要性重新被評估。四是將貨幣政策與財政政策的有效性，引發重要且影響深遠的論戰。下文就以其有關著作進一步詳述。

一、實證經濟學的方法論

弗利曼在一九五三年將他一九四〇年代後期與一九五〇年代初所發表的論文編成《實證經濟學論文集》（*Essays in Positive Economics*）這本書，他在一九五一年之所以能獲美國經濟學會（AEA）所頒贈的克拉克獎章（J. B. Clark Medal），就是這本書的緣故。克拉克獎章是AEA贈與四十歲以下的最卓越美國經濟學家，自一九四七年開始，每兩年頒獎一人，沒適當者還會從缺，弗利曼是第三屆（位）得獎者。他是以〈實證經濟學的方法論〉（The Methodology of Positive Economic）這篇論文作爲導論，此文是弗利曼在經濟學方法論方面所發表的最重要代表作。

弗利曼在該文中先引凱因斯父親在一八九〇年出版的名著中的話來說明經濟學的種類，一種是實證（positive）科學，是一套討論「是什麼」（what is）的有系統的知識；另一種是規範的（normative）或調節的（regulative）科學，是一套討論「應該是什麼」（what ought to be）之標準的有系統的知識，因此它所關心的是理想，不是實際；再有一種不是科學，而是藝術（art），是爲達成某一目的的一套規則體系。實證科學的目的是在求規律的建立，規範科學的目的是在求理想的決定，經濟藝術的目的是在做方針的擬訂。在從事經濟學研討中必須分清所研究的是哪一部門，不可混淆不清。可是實際上，這種混淆不清的情況非常普遍，以致成爲許多傷害之錯誤的來源，所以，「認清政治經濟學是一種明晰的實證科學」是很重要的。

弗利曼認爲老凱因斯所說的這種混淆不清的情況依然存在，爲了澄清這種情形，他認爲可先將實證經濟學與規範經濟學的關係說清楚：實證經濟學在原則上與任何特定的倫理立場或規範判斷是完全無關的，它是討論「是什麼」的問題，不涉及「應該是什麼」的問題。其目的就在對於事物的眞相加以探究，提出一套對於情況變化所產生的後果能加以預測之理論。這套理論有無價值，可從其所預測的情況與實際發生的是否相符，予以評估。簡言之，實證經濟學是一種「客觀」的科學，與其他物理科學並無多大差異。不過，由於經濟學是研究人與人間的相互關係，而研究者自己就是研究對象之一，這樣自會使他在保持客觀性上增加許多困難，但這並不足以表示這兩種科學之間有任何基本差異。

另一方面，規範經濟學既要「研究應該是什麼」的問題，而經濟藝術也要研究達成目的的規則體系，這就使它們都無法脫離實證經濟學而單獨存在。因爲不論是實證經濟學或規範經濟學和經濟藝術，都會牽涉到經濟政策問題。實證經濟學所涉及的是政策所能達成的是什麼目的，以及這些目的如何達成。經濟藝術所涉及的政策問題也是如此，而規範經濟學所涉及的是，這些政策所要達成的目的是否良善。這些政策結論的產生都需仰賴實證經濟學的研究，若無實證經濟學對於各種事象的研究，由此得出可能造成的結果之預測，規範經濟學又如何能判定政策是否良善？

所以，實證經濟學所產生的結論與規範經濟學所要解釋的課題息息相關。弗利曼認爲，在西方世界，特別是在美國，一般公正無私的公民對於經濟政策之所以有不同的意見，主要是對於所採用的措施所產生的經濟後果有不同的預測，原則上可經由實證經濟學的進步來消除差異，並非在基本價値上有差異。他以最低工資率的立法爲例來說明。弗利曼認爲此法的最終目的，在於希望工人都能得到足以維生的工資，這是大家都同意的，問題是：這種辦法推行之後是否能達此目的？贊成者相信，法定的最低工資率可以使原來低於最低工資的工人增加所得，並使有些人能收到較最低工資更多的工資，卻不致引起失業人數的增加，這樣就可減少貧窮。反對者則相信（預測）法定最低工資率會增加貧窮，因爲它會增加失業的人數，這種損失超過了原來就業者所接受的利益。

這些差異都不是道德性的，而是科學性的，原則上都可通過實證分析來解答。所以，弗利曼認為，「正確」的經濟政策上的共識，決定於規範經濟學的進步，遠少於實證經濟學的進步。不過，他也表示，他的這種關於經濟政策差異的判斷本身，當然也是一種「實證」的言詞，能不能被接受還是要由實際的證據來決定。

弗利曼的這篇方法論文章發表之後，曾引發許多人的批評，而蘿絲就是其中之一。蘿絲一直深深體認到，從她對經濟學家的政治偏向就可預測他的實證之識見，她從不相信政治偏向是實證識見的結果，但弗利曼一直反對這種結論，因為他自己就不是這樣的經濟學家，於是不願承認其他經濟學家的主張會和他不相同。蘿絲認為這是因為弗利曼的寬於待人的性格使然。

蘿絲認為弗利曼和她的看法日趨接近，她引用弗利曼在一九六八年出版的《美元與赤字》（*Dollars and Deficits*）這本書中的這樣一段話作佐證：「要找到一位有聲譽的經濟學家——不論他的政治立場是什麼——不同意法定的最低工資率會增加沒有專業技能勞工的失業是很困難的。同時要他認為法定最低工資率所造成的其他結果，會產生許多利益足以彌補就業上的損失，差不多也同樣困難。」弗利曼下了這麼個結論：大多數的經濟學家都對這個問題保持緘默，因為他們不願被人稱為「反動派」和「無情者」。

弗利曼在該本書中又舉出關於美元與黃金價格問題的例證。他寫道：「大多數專門研究貨幣與國際貿易的經濟學家，都是主張放棄黃金的固定價格，而准許美元的價格（亦即匯率）有較多的變動。但是，許多經濟學家都不願提出這種政策，因爲他們知道華府官員會強烈地反對他們，甚至更反對公開討論。結果他們就另提求取國際收支平衡問題的次佳方法。」這種經濟主張受到政治考量的情形，或許就是蘿絲評語中所指的狀況，也或許就是弗利曼說他逐漸朝蘿絲的方向變動的意思。

不過，弗利曼認爲這種將經濟事務的判斷與政治考量混在一起的情況，還是造成一般對經濟學家意見分歧以致無所適從的主因，是應該設法避免的。弗利曼承認經濟學家的確發表不同的意見，但不是非常分歧。經濟學家對經濟政策歧見的產生，大部分是來自對政策所產生的後果有不同的預測，並非來自對所產生之後果良窳不同的判斷。譬如說，當今經濟學家希望達成的不外乎是物價的相當穩定，就業水準的提高，國際貿易的自由，但對所得分配方面卻有不同的意見。不過，對此問題的歧見還是來自科學判斷的，並非是價值判斷。

弗利曼曾這樣說：「我反對我們現在的高度累進所得稅，不是因爲我贊成所得分配不均，或不主張所得分配的平均，而是因爲我相信我們的稅是騙人的、虛幻的。將經濟地位相同的人做不同的處理，只會擴大所得的差距，不是縮小，以致形成極大群的人才和創造力的浪費。許多經濟學家對於最後所得主張平均的程度比我高的，也同意這一評估。」

不過，並不能說價值判斷不會影響經濟學家對經濟事務的判斷。弗得曼指出兩種情況下，個人的價值判斷會影響政策的決定。一種是由於經濟現象錯綜複雜、變化多端，這將對其所做成的科學判斷也帶來一些不確定成分，在此情況下，一個人要從事政策上的選擇就會受到他所抱持的意識型態之影響。另一種基本價值會進入政策的選擇是，由於對政策所產生的後果所經歷時間長短重視程度不同所引起的，也就是說，在已知的同一科學判斷下，政策所產生的短期和長期後果之分，這時要選擇一種政策就要看決策者的偏好。值得注意的是，這種對於長短期後果重要性的取捨，與對於政府職能之大小的偏愛有密切關係。大體而言，凡是重視自由、主張限制政府職能的人，都較重視一項政策所產生的長期後果，若不好，他必反對，反之，則贊成。凡是重視福利，認為政府職能可以擴大者，則比較重視短期效果，若好就贊成，不好就反對。

除了這兩種意識型態會影響政策選擇外，弗利曼還指出，有些認為是因意識型態不同而引起的政策選擇，實際上是一種遁詞，係用來掩飾其不願從事實情分析以達成科學判斷的繁瑣。在與人發生爭辯時，這種情況最容易出現，因為這時只要一提出兩人之所以會有爭辯，完全是由於各人所持的意識型態相異，就不必再多追究了。這種態度很明顯是反科學的。人確實有因意識型態不同而有不同的政策選擇，但我們不應該在一開始就有這樣的認定，而應等將事實詳加分析後仍無法消除歧見時，再說這是由於價值判斷不同的關係，如此對於理性共識的產生應當會有很大的幫助。

弗利曼還認爲，即使是基本價值存在差異，此差異還是可藉市場機能的發揮來消除。我們知道，市場中交易之所以成交，是由於交易雙方對於事物有不同的看法或評價，後來之所以能成交當然是由於雙方都覺得對自己有利。所以，交易是將不同意見歸於一致的利器，大家可以取得共識。這通常是指市場中交換的是貨品。不過，這種共識的取得也可以是觀念和思想。因此，弗利曼認爲市場的任務就是讓意識型態形成，這就是他畢生堅持自由市場理念的根本原因。

經由上述，我們應可得知弗利曼特別強調實證經濟學的基本任務，就在提出一套能對未經察覺的事象加以正確預測的理論。他認爲一種理論所提出的假設都不可能完全合乎事實，因爲社會變化很快，不會停留下來讓科學家去描述。科學的任務也不是將「實際的世界」予以複製，而是在對其未來的發展加以預測。重點是，這種預測是否符合事實的發展，只要符合就表示該理論是正確的、有用的，是有價值的。因此，理論是從客觀的實際中抽出的，又能從客觀的實際中得到證明。經濟學家所要努力的，就是要不斷的提出這樣一些理論，等到其數量相當充分時，當前所面臨的一些政策上的主要問題，也就可得到解答，如此一來經濟學家的貢獻可就大了！

二、消費函數理論

一九五七年，弗利曼出版了《消費函數理論》（*A Theory of the Consumption Function*），是經過多年孕育出來的，該理論通過批評、誤解、排拒、探討替代方案的過程，且經一段長時間後才被接納。在凱因斯出版《一般理論》掀起凱因斯經濟思想革命之後，弗利曼的這本書是有關消費函數研究的一部分，凱因斯理論的一個中心支柱是消費支出和所得之間的關係，主要的是「邊際消費傾向」這個概念，指的是「每增加一塊錢的所得，用於消費的比重，在『基本心理法則』下，該比重小於一」，凱因斯也認為「一般來說，隨著實質所得提高，被儲蓄下來的所得比重上升」，也就是「平均消費傾向隨著所得提高而下降」。

邊際消費傾向的大小決定「乘數」，是凱因斯理論的另一個重要觀念，它能說明增加一塊錢的投資或政府赤字支出之後，總所得會增加多少錢。亦即，在不提高稅負的情況下花更多的錢。

邊際消費傾向隨所得提升而下降，成爲一九三〇年代韓森（Alvin Hansen）教授所提的「永續停滯」（secular stagnation）論題的主要部分。他宣稱隨著美國日益富有，儲蓄傾向提高，投資機會耗竭，除非政府提高赤字支出，否則美國經濟將停滯。

弗利曼在他的書中第一章寫說：「理論上的興趣激發了經驗性研究。消費函數的數值根據兩種資料來估計，一是消費、儲蓄、所得、價格和類似變數的時間數列，主要來自一次大戰後時期，二是個人所得與家庭的消費、儲蓄和所得的預算資料，來自一個半世紀以來無數的抽樣調查。兩種資料來源乍看之下似乎吻合凱因斯的假設。當期的消費支出與所得高度相關，邊際消費傾向小於一，且低於平均消費傾向，因此儲蓄下來的所得比率提升。但是接著產生了證據上的嚴重衝突。顧志耐估計美國一八九九年後的儲蓄，發現半個世紀來，儘管實質所得大幅增加，所得中儲蓄的比率卻沒提高。根據他的估計，整段期間內，所得中儲蓄的比率大致相同，消費支出比率則明顯高於從時間數列或預算資料算出的邊際傾向。檢視稍早期間的預算研究報告，強化了這種矛盾現象。在多種不同的年月中，平均消費傾向大致上是相同的，儘管在平均實質所得上有著大差異。但是，將每套預算資料予以分別研究時，卻顯示邊際消費傾向明顯低於平均消費傾向。二次大戰後的儲蓄比率，遠低於兩次大戰間以同樣方法算出的儲蓄率。這些經驗顯示，將消費函數視爲消費或儲蓄僅是與現時所得之間有關是不適當的。」

如第二章提過的弗利曼在研究專業人士所得時，將個人實際所得分爲恆常的、準暫時的和暫時的三種，在研究消費理論時則簡化爲兩種：恆常的與暫時的。前者是指「常時的」（usual）或「正常的」（normal）所得，亦即一個人從其人力和非人力的資本中，希望獲得之所得流量的現在價值。後者指的是一時的或意外的所得，或者負所得（損失）。弗利曼就提出了這樣的消費函數理論：人們在消費方面的支出是由其恆常所得決定的，不受暫時變動的影響。任何暫時的增加都會儲蓄起來，不會作消費用，而暫時的減少則會以過去的儲蓄來維持消費於經常的水準。因此，所得較高者，由於其所得中有些是暫時的，就會比低所得者多儲蓄些，因爲低所得者的所得中有部分是暫時的負所得（損失），不過，高低所得者的消費都維持在他們經常的水準上，亦即都由他們的恆常所得決定。弗利曼將他的這種消費理論稱爲「恆常所得假說」（Permanent Income Hypothesis）。

弗利曼在其生命的最後一年（二〇〇六年）曾說：「《消費函數理論》已屬於經濟思想史上的一部著作，……它的主要元素已成爲經濟學家的傳統智慧。最重要的是，每個人都接受稍有不同且略加修改的恆常所得假說。這一名詞已成爲經濟學家慣常的名詞，『恆常的』與『暫時的』都是其詞彙中的字眼。」

三、自由浮動匯率

一九五〇年，弗利曼在擔任美國經濟合作總署主管歐洲金融與貿易部門顧問時，寫了〈支持機動匯率〉（The Case for Flexible Exchange Rate）這篇論文，建議採行機動匯率制以利基本經濟目的之達成，該主張與傳統的看法相左，但隨時間的經過，它獲得大多數美國貨幣經濟學家的支持。

當時世界各國都採行一種可調整的固定匯率制（adjustable peg system），該制度是一九四四年在美國新罕布夏州的布列頓森林召開的世界經濟會議通過設立的，稱為「布列頓森林體制」（Bretton Woods System），要求參與的各國將貨幣的外匯率釘住一個比率，各國可在百分之十範圍內自行調整，要超過此範圍，需經國際貨幣基金（IMF）核准，所以又稱為「可調整的固定匯率制」。

雖然IMF盡了最大努力，國際收支危機還是經常發生。弗利曼在此問題上參與多場討論，有兩場讓弗利曼印象深刻，一是一九六九年在哥本哈根舉行，一是一九七二年在蒙特婁舉行，都有全球各地銀行家出席。兩次會議之間的一九七一年八月十五日，尼克森總統宣布，美國不再履行布列頓森林制度的義務，以每盎司三十五美元的價格出售黃金給其他國家的中央銀行，布列頓森林制度就此瓦解。在兩次會議中，弗利曼都和IMF祕書長同組。第一次會議中，祕書長駁斥弗利曼的浮動匯率提案不可行，認為是不了解真實世界的學者用理論堆砌出來的幻想。第二次會議中，祕書長的接班人卻稱浮動匯率是唯一可行的制度，並表示固定匯率完全不可信。

弗利曼由這兩次會議看出兩件事，一是像他那樣的經濟學家如何運用影響力。長久以來他都相信，經濟學家們影響事件發展的過程，靠的不是在提出人們認為激烈的建議案時，說服人們相信他們是對的，而是碰到危機，非得做某些事情不可時，把各種選擇方案攤開來。一九七一年發生危機時，如果沒有托丙（James Tobin，一九八一年諾貝爾經濟學獎得主）、哈伯勒（Gottfried Harberler）和弗利曼這些傑出經濟學家，在學術文獻中充分探討浮動匯率這個備選方案，當時會採取什麼樣的解決方案將不清楚，很可能採取更廣泛的資本和匯率管制，而浮動匯率確實是個清晰的備選方案。

第二件事和官僚組織永存不朽有關。各國代表在布列頓森林設立IMF，監督固定匯率制度；設立世界銀行，提供資金以重建及發展遭受戰爭蹂躪和低度開發的國家。

固定匯率制瓦解時，IMF就失去功能，應該撤廢，但不只沒廢，還改造成爲世銀的姊妹機構，提供放款和建議給出現國際收支或其他問題的國家。弗利曼認爲，從事這些活動的過程中，IMF造成很大的傷害，但這沒有阻礙它規模日益壯大，並取得越來越高的地位。一九九七年亞洲金融風暴、二〇〇八年全球金融海嘯和歐債危機爆發，IMF的金援更爲強大，二〇一二年初IMF與二十國集團（G20）官員洽商，將IMF基金規模由三千八百五十億美元增至一兆美元，若弗利曼還在世，一定又會大聲反對。

布列頓森林體制雖已崩潰，但固定匯率制仍未喪失其吸引力，許多國家只願採行混濁的（dirty）或管理的（managed）浮動匯率制，表示政府仍要做適時的干預。歐洲經濟社會（European Economic Commmnity，簡稱EEC）甚至在其會員國之間仍保持固定匯率制。先在一九七二—七九年間推行一種像蛇之爬行那樣的所謂爬行的釘住制（gliding crawling peg），之後建立歐洲貨幣體系（European Monetary System，簡稱EMS）成爲一個貨幣集團，使其內部的匯率能保持穩定而一致對外從事浮動。

此制度之所以能維持一個階段，是因德國願像美國在布列頓森林體制時那樣扮演同一任務，後來德國由於要東西德統一，爲支持東德產業乃採擴張性財政政策，於是增強通貨膨脹，其央行就提高利率來減少國內需求，使國內經濟安定，但其他國家不願跟隨提高利率。如此一來，資本乃大量流動，致原訂匯率無法維持，EMS

就在一九九二年結束。此時EEC已決定成立歐洲聯盟（歐盟，European Union，簡稱EU），要從事建立一個統一貨幣。

弗利曼認為一般對「釘住」匯率與統一貨幣（unified currency）混淆不清，有必要澄清。所有以上釘住的匯率制度都涉及各國承諾保證採取適當貨幣政策，將各自貨幣與他國貨幣保持固定匯率，各國都保留央行來執行任務。統一貨幣則是一區域內一致使用的貨幣，如二〇〇二年發行的歐元（Euro）在歐盟會員國統一流通。一個統一貨幣制度下，各區之間固定匯率的維持是完全自動的，不需貨幣或其他政府機構干預。

如果各國都要保留央行，那最好是採用自由浮動匯率制。基本上，浮動匯率制與真實的金本位制有很強的相似程度。因為兩者都讓人民自由從事貨幣的買賣，也都無政府的干預。不像釘住匯率制那樣，個人必須按政府規定的匯率從事買賣，其變動亦需由政府決定。弗利曼還認為可調整的固定匯率制是最壞的一種制度，因為它不像固定匯率制那樣的穩定，也沒有浮動匯率制那樣的機動，很容易產生不穩定的投機。

四、貨幣重要、法則替代權衡

十八世紀時，奧國學派的始祖休謨（David Hume, 1711～1776）就在一七五二年於〈貨幣論〉（Of Money）這篇論文中提出貨幣數量學說（Quantity Theory of Money），到了二十世紀，又由費雪（Irving Fisher, 1867～1947）的交易性數量說（Transaction Version）和劍橋學派的現金餘額式數量說（Cambridge Cashbalances Version）予以發揮。不論如何詮釋，都強調貨幣數量和貨幣所得的關係密切。到一九二九年經濟大恐慌發生，凱因斯在一九三六年發表的《一般理論》掀起了所謂的「凱因斯革命」，他強調貨幣所得與投資或自發性支出（autonomous expenditure）的關係，不是貨幣所得與貨幣數量的關係，甚至於提出「貨幣無關緊要」（money does not matter），應將重點放在投資、政府的財政政策以及消費者支出與所得之關係，而「流動性陷阱」（liquidity trap）更明指貨幣數量增加對利率、物價、所得都無影響，全部被留作投機之用，特別是在經濟蕭條，利率、物價低迷之際，政府需以財政政策或公共投資、赤字支出來創造有效需求。弗利曼在一九五六年寫了〈貨幣數量學說的重述〉（The Quantity Theory of Money-A Restatement）這篇論文，掀起「凱因斯革命的反革命」，該篇論文被視為「現代數量學說」之內涵的一種陳述，成為凱因斯主義的另一種替代。此文也是弗利曼在貨幣理論方面的第一篇作品，此後還陸續有發揮，最後發展成學派，稱為「重貨幣學派或重貨幣論或唯貨幣論」（Monetarism），認為政府的短期政策無用，政府應做的是維持固定的貨幣供給增加率，此即「法則優於權衡」的說法，畢竟貨幣供給影響短期經濟、物價水準，過去每次物價的變動都是貨幣供給量變動的結果，而「通貨膨脹終究是貨幣現象」。弗利曼對政府在經濟實施精密調節的能力存疑，建議貨幣供給量由立法解決，亦即將貨幣供給量與經濟成長速度連動，經濟成長速度快，貨幣供給量越大，反之則小，如果貨幣發行速度超過經濟成長速度，則引發通貨膨脹。

弗利曼將經濟體系看成一個宇宙，成千上萬的個人和家計單位選擇各自的終身計畫，從而決定了體系中的所有生產和分配。想要在不確定的情況下安排預算，必須對未來做預測。個人根據自己對未來物價、其他經濟因素的猜測來分配資源。個人的終身計畫是，綜合物價和貨幣價值的變動而做成的。凱因斯學派經濟學家不看重貨幣供給，比較重視財政政策，弗利曼則重拾貨幣供給，並視其為關鍵性的政策變數。

弗利曼的推論是：在終身計畫不確定下，如果「物價」穩定，則經濟體系也會是穩定的，他強調，爲了減少經濟波動的頻率和嚴重性，我們必須有穩定的貨幣供給。如果以固定的貨幣供給增加率來防止通貨膨脹和通貨緊縮，那麼短期間就業市場的波動也可減少，若以干預經濟體系的辦法來解決就業問題，只會使這個體系更不穩定，而且使原先想解決的問題惡化。重貨幣學派學者鼓吹應該實施物價、工資，以及利率的「一般化指數」，以保持購買力。在通貨膨脹率快速波動的時期，指數將可防止相對價格的扭曲。

一九六三年，弗利曼和許瓦滋（Anna J. Schwartz, 1915~2012）合著《美國貨幣史：一八六七—一九六〇》（*A Monetary History of the United States,* 一八六七—一九六〇）這本巨著，證實貨幣對經濟、物價水準有影響，並指明一九三〇年代初期的經濟大恐慌，很大程度是由於糟糕的貨幣政策所導致。當時，美國聯準會（Fed）先是因爲擔心股市的投機行爲，因而採取緊縮銀根措施。當人們在一九三〇—三一年到銀行擠兌時，Fed又無所作爲，而當英國在一九三一年退出金本位制度時，Fed又不得不提高利率。所有這些都導致貨幣供給量的下降，從而導致消費的減少，最終引發經濟大恐慌，弗利曼在這裡又一次說明了貨幣供給量在短期內對經濟是有影響的。

該書在開始就寫說，「這是一本關於美國貨幣數量的書。它探索美國自從內戰結束後到一九六〇年約近一個世紀的貨幣數量變化，研究促使這些變化的因素，並分析貨幣數量對於事態發展所產生的影響。」該書有三個結論：一爲貨幣數量的變化與經濟活動、貨幣所得及物價變化密切相關；二爲貨幣與經濟變化的相互關係是高度穩定的；三是貨幣變化常常有其獨立的根源，它們不僅僅是經濟活動之變化的反映。

五、貨幣政策的任務

一九六七年，弗利曼被選爲美國經濟學會會長，這是美國經濟學界的至高無上的榮譽，歷屆會長接任時所發表的「會長講詞」必定是其畢生從事研究的結晶，是極受重視的。弗利曼也不例外，他的演講題目是「貨幣政策的任務」（The Role of Monetary Policy）。

他首先提出一般對於經濟政策所要達成的目標，大致上都認爲是在求高度的就業、穩定的物價和快速的成長。如果三者無法同時達成時，以何者爲優先則有不同的意見。而對於達成各項目標所需採用的政策工具之任務，更是意見分歧。弗利曼的演說主題是貨幣政策這一工具的任務能產生什麼效果？貢獻有多少？以及如何操作才能產生最大貢獻？

當聯邦準備制初建時，許多人認爲它對一九二〇年代的經濟穩定貢獻大，因爲它能配合經濟情勢的發展予以「精密調節」（fine tuning），許多人認爲新時代來臨，貨幣技巧的進步可使經濟景氣循環不再發生。但一九三〇年代經濟大蕭條粉碎此天眞想法，凱因斯提出一種何以貨幣政策無力制止經濟蕭條的說法，並認爲蕭條之發生係因投資和其他主動性支出缺乏所致，而政府支出就可作爲彌補，因此財政政策可以取代貨幣政策，貨幣一點都不重要，唯一該做的是設法維持低利率，以減輕政府預算負擔，而且又能刺激少許民間投資之增加，使總合需求提升。

二次大戰後各國出現的不是經濟蕭條，而是通貨膨脹，貨幣政策有效乃重現，美國當時實施的財政政策成效差，因爲公共支出常常不能隨時配合經濟活動的變化而增減，其所產生的效果需經歷相當長時間，待效果出現，經濟情況已改變，反而讓經濟產生新的不穩定。於是一九六〇年代後期，對貨幣政策有效性的信心增強，增強到幾乎與一九二〇年代同等程度。不過，此種信心的加強不能過分，貨幣政策固然重要，但非萬能。弗利曼認爲我們與一九二〇年代後期一樣，已面臨使貨幣政策負荷過重的危機，我們要它達成它所不能達成的任務，結果是它無法達成它所能達成的任務。

爲避免這種危機，弗利曼認爲他首先要強調哪些任務是貨幣政策不能夠達成的，以及以我們現有的知識又如何能將之發揮最佳的貢獻。弗利曼提出兩項貨幣政策不能達成的，一是它不能將利率釘住超過一個非常短暫的時期，二是它不能將失業率釘住超過一個非常短暫時期。弗利曼提出一個「自然失業率」（natural rate of unemployment）概念，指的是當經濟處於均衡狀態時的失業率，不管政府採取什麼經濟政策，自然失業率都不會降爲零，總是會有一部分人失業，或者會有一些人交替輪流處於失業狀態。

弗利曼認爲貨幣政策能做的有三項，一是防止貨幣本身成爲經濟波動的根源；二是爲整個經濟社會創備一個穩定的環境；三是能抵消其他政策所引起的經濟波動。

至於貨幣政策應如何推行，弗利曼提出兩項基本原則，一是貨幣當局應該控制它所能控制的數量，貨幣總量是立即可用的最好的貨幣政策的準則；二是貨幣當局應避免政策上急劇的轉變。

弗利曼認爲，給自己訂定一個穩定而溫和的貨幣增加率，是貨幣當局對於避免通貨膨脹或緊縮的一大貢獻，不變的貨幣增加率會形成一種貨幣情勢，有利於企業之諸如機智、發明、勤勞與節儉等等基本力量的有效運行，這些基本力量是經濟成長之眞正源泉。

六、通貨膨脹和失業

根據正統的凱因斯經濟學，「菲利浦曲線」（Phillips Curve）表示失業率與通貨膨脹之間有抵換（trade-off）關係，要降低失業率，就要付出通貨膨脹的代價，要降低通貨膨脹，就必然會引發高失業率。

菲利浦曲線是英國經濟學家菲利浦（A. W. Phillips, 1914～1975）在一九五八年提出的，他研究一八六一－一九五七年間英國的失業率和工資變動之間的實證關係後發現，當工資上升緩慢時，失業率較高，反之則失業率較低。兩年之後，加拿大的李普塞（Richard Lipsey）教授發表論文，將菲利浦曲線普及化。

菲利浦曲線變成了一個經濟的神祕地帶，由於實質工資等於勞動生產力的假設，而勞動生產力又是固定的，於是貨幣工資增加率和物價上漲率（通貨膨脹率）之間有絕對的正向關係，因而菲利浦曲線就由原先的貨幣工資增加率和失業率之間的負向關係，變成通貨膨脹率和失業率之間的負向關係，這也成為一般了解的菲利浦曲線。

到底通貨膨脹率和失業率之間的關係是如何出現的沒人知道，它只是一種實證的觀察，缺少堅強的理論基礎。但它很快地成爲西方國家經濟政策的重要依據，因它暗示著，只要政府啓動政策適度提高通貨膨脹水準，就可獲得政府希望的失業率，因此它不僅反映了二戰後西方的經驗，也提供了政府採取短期經濟政策的一個方便的理性基礎。這種幻覺擴散的結果，讓人誤以爲產業經濟可以像跑車或噴射機一樣的任意受人控制，也就是可以利用政策來得到民眾（至少是政客）所要的通貨膨脹和失業組合。有些經濟學家（包括弗利曼）都對它提出質疑，全都被忽視了。

直到一九七〇年代出現「停滯膨脹」（stagflation），亦即經濟成長停滯（伴隨著高失業率）與通貨膨脹同時發生，代表凱因斯經濟學的菲利浦曲線失去解釋能力，弗利曼用「適應性預期」（adaptive expectation）來解釋爲何停滯膨脹會發生。

根據弗利曼的說法，政府政策刺激景氣、價格上漲，生產者以爲市場繁榮乃提高生產，因而僱用生產要素，勞動需求提升致工資上揚，勞動者被吸引進入勞動市場，就業增加，失業率下降，但不久之後，勞工意識到工資上升趕不上物價上漲，也就是勞工預期到物價的上漲高於工資的上升，於是貨幣幻覺消失而退出勞動市場，失業率再回到原先水準，但通貨膨脹已發生。所以，政府以通貨膨脹的政策來降低失業率，即便有效果也只是短暫的，長期就失效，經濟體系維持在「自然失業率」，只有物價上漲而已。到了「理性預期」（rational expectation）理論出現，政府政策連短期效果也不見了，也就是說政府的干預政策完全無效，因爲菲利浦曲線已非負斜率的由左上向右下傾斜的曲線，而是維持在自然失業率上如一條垂直線，政府的貨幣、財政政策只讓通貨膨脹出現，無法減少失業率。

七、自由經濟理念的闡揚

弗利曼不只學術貢獻巨大，在公共政策和經濟觀念傳布上更輝煌，他之所以名滿全球、受到各界的推崇，後者的表現是主因。在這方面弗利曼以演講、參與辯論、在報章雜誌上寫專欄的通俗文章，並且受邀到各國訪問，甚至深入極權國家向當權者宣揚自由經濟理念。

弗利曼最早評論公共政策很可能是一九四六年和史蒂格勒合寫的《屋頂或天花板》這本小冊子的出現，批評了「房租管制」政策，這是最典型的「政府干預物價」，屬於「價格上限」，至於「價格下限」的最具代表則非「最低工資或基本工資政策」莫屬，弗利曼也沒錯過對此政策的批評。

一九六六年夏天開始，到一九八四年初共十八年，在《新聞週刊》每三個星期寫一篇專欄文章，是弗利曼傳達自由經濟觀念給一般讀者的最重要管道，總共發表了三百餘篇專欄，前六年的篇章集結成《一位經濟學家的抗議》（*An Eonamist's*

Protest，此書名與肯南在一九二七年出版的書名完全一樣，而肯南和弗利曼都是崇尚自由經濟理念，弗利曼應是對已過世的肯南表示崇敬才取同樣的書名）專書出版，之後在一九七五年又以《天下沒有白吃的午餐》（*There's No Such Thing as a Free Lunch*）爲名出了第二本文集，該書名更是名聞全球，人人琅琅上口。該專欄原先是亨利．赫茲利特一個人單獨負責撰寫，一九六六年赫茲利特卸下職務，《新聞週刊》主編邀請弗利曼、薩繆爾遜（P. A. Samuelson, 1915～2009，一九七〇年第二屆諾貝爾經濟學獎得主），以及華立克（Henry Wallich, 1914～1988）三位輪流執筆，每三個星期寫一篇。弗利曼代表「古老自由派」或「自由企業派」，薩繆爾遜代表「新經濟學」或者「新政」自由派，華立克則是中間派的代表。一九七四年華立克離開耶魯，接受Fed理事職務因而停寫專欄，一九八一年薩繆爾遜也停寫，由麻省理工學院的佘羅（Lester Thurow, 1938～2016）接替，到一九八四年史密斯（Richard M. Smith）接總編輯後兩個星期，決定停掉佘羅和弗利曼的專欄。

接寫專欄時，弗利曼還曾詢探過赫茲利特是否不悅，赫茲利特不但向弗利曼表示沒有不悅，還敦促弗利曼接受，而弗利曼還擬了一張可能的話題清單，並試寫兩篇專欄寄給史蒂格勒批評指教，還得到史蒂格勒的鼓勵說不認爲弗利曼會想不出要寫什麼。弗利曼也去電薩繆爾遜長談，也被極力敦促答應。弗利曼還強調，雖然他和薩繆爾遜在公共政策議題上往往有南轅北轍看法，兩人的私交卻不錯，且尊重彼此的能力和對經濟學的貢獻。

讓弗利曼夫婦驚訝的是，《新聞週刊》的專欄有專業經濟學家閱讀，且在專業期刊的文章和純經濟學的著作上，常被引爲資料來源。弗利曼起先擔心會找不到夠多主題寫，後來發現相反，似乎老是有一個以上的議題迫切需要探討、問題反而是如何選出最急切需要抒發己見的議題。雖然所要處理的議題，構想通常來自當時的新聞，但弗利曼是利用當前的議題，發展出他認爲重要的主題。和弗利曼所有的學術研究一樣，他的專欄文章也分爲實證和規範經濟學兩類。第一類處理純學術性問題，這類文章大多探討通貨膨脹、貨幣政策和財政政策。弗利曼在這方面的看法有時不同於其他經濟學家，其中最重要的單一問題是，貨幣政策相對於財政政策，在影響事件發展過程中所扮演的角色，蘿絲相信弗利曼的專欄在改變一般民眾對這個議題的看法上，扮演非常重要的角色。爲讓一般民眾了解，弗利曼對此類議題在技術上求嚴謹，但文字卻力求簡單易懂，因而受歡迎並能將他的觀點傳播出去。

弗利曼所寫的第二類專欄，包括把他在《資本主義與自由》（*Capitalism and Freedom*）書中鋪陳的一般性哲學，應用到特定的議題或問題上，亦即，他堅信促進個人自由應是社會機制的首要目標。此類文章包括志願役、社會安全與福利（除其他缺點外，弗利曼覺得侵犯到個人自由）、學校教育（每個人都同意很糟，弗利曼覺得可由教育券計畫，注入競爭而大獲改善）；郵局和學校教育一樣，情況也很差，如能取消民間從事遞信業務的禁令，引進自由競爭，將大受其利，以及其他議題。

透過《新聞週刊》專欄宣揚自己的哲學之同時，弗利曼受邀演講的機會增加很多，聽眾涵蓋各界，從重視他的經濟展望判斷的企業家，到前來聆聽他的一般性哲學家，以及如何用它來解決社會問題的一般民眾都有。在這方面，和在《新聞週刊》的專欄一樣，弗利曼也做得非常成功，原因是他能用簡單的詞彙，把不管多複雜的事情都講清楚，他一直堅持，如果一個人眞的懂得他的主題，就不需用到技術性和複雜的語彙，《天下沒有白吃的午餐》這本書的書評家就這麼說：「弗利曼有個優點，就是很體貼外行人。就我所知，沒有人在那個深奧難解的學術領域中比他更在行；可是在外行人眼裡，他是簡明易懂的傳教士。」

結束《新聞週刊》的固定專欄後，弗利曼偶爾也會投稿給許多報社，他最喜歡投《華爾街日報》，也會投《紐約時報》、《華盛頓郵報》，他覺得後兩者不太喜歡他的稿子，但採用的篇數還是多於退回的。除了在報紙和通俗性雜誌發表專欄文章和致編輯函外，弗利曼也寫了很多更爲長篇大論的文章，發表在《哈波》、《國家評論》、《讀者文摘》、《紐約時報雜誌》等通俗性雜誌上。弗利曼特別提到〈企業的社會責任〉這篇文章，它是一九七〇年九月十三日發表在《紐約時報雜誌》上，此篇文章比弗利曼的其他文章更常轉載在學術性或通俗性刊物上，該文指出：「企業只有一個社會責任——運用它的資源，從事於提高利潤的活動，但必須符合遊戲規則，也就是說，從事公開和自由的競爭，不能有瞞騙和詐欺。」該文發表四分之一世紀之後，弗利曼每年還都拿到相當於最初稿酬一千美元的轉載稿酬，因爲該文已是商學院和法學院道德課程的標準項目。老師希望指定「兩案並陳」的閱讀材料，由於鮮少其他的經濟學家願意採取那麼極端的立場，所以大部分老師拿弗利曼的文章爲一個容易受批評的立場辯護。

值得一提的是，弗利曼在一九七〇年曾接受《花花公子》（*Playboy*）專訪，弗利曼自己都很吃驚，因爲他不認爲自己適合出現在《花花公子》上面，但讓他意外的是，那本雜誌有非常嚴肅的知識分子版面。他的訪問記出現後，表示在《花花公子》上讀到它的人數，以及雜誌社收到的讀者投書之多，使弗利曼體會到它的嚴肅讀者人數之多超過預料，《選擇的自由》電視節目製作人安東尼·傑（Antony Jay）第一次接觸到弗利曼的理念，就是閱讀了《花花公子》的那篇訪談。

弗利曼最受矚目、最有名的通俗著作應是《資本主義與自由》和《選擇的自由》這兩本書。前一本最早是一九六二年出版，係由弗利曼在一九五六年一系列演說詞集結而成，當年的弗利曼五十歲正當壯年，精力充沛、生產力達頂峰。理性預期學派宗師、一九九五年諾貝爾經濟學獎得主盧卡斯推崇本書是弗利曼思想的菁華，既有原創性又極富哲理。不過，由於該書立論聚焦於「深恐政府規模擴大，以及深恐福利國家和凱因斯思想的得勢會危及自由和繁榮」，在當時被認爲是怪異分子少數團體的言論，不但不受重視，還被視爲異端，主流刊物幾乎都不理睬，但二十年後，書中的自由經濟精神卻已成社會主流。

這本沒有數學符號、沒有任何幾何圖形的敘述性著作，展現出不同於一般人所認定的經濟學理，無形中爲「自由經濟學無用」做了極有力的辯護。藉著身爲自由主義分子（不是當今一般所認定的，是書中弗利曼所定義的）所抱持的「自由」精神，弗利曼將各個社會中常見的十二個重要問題以淺顯的文字、流暢的文筆提出精闢的分析。這十二個問題分別是：經濟自由與政治自由的關係，政府在自由社會裡的角色、控制貨幣、國際金融與貿易安排、財政政策、政府在教育方面的角色、資本主義與歧視、獨占與企業和勞方的社會責任、執業特許、所得分配、社會福利措施，以及減輕貧窮，各以一章來詮釋。前二章是基本哲理，後十章則是各個社會的普遍性課題，中心點可說是「政府的角色」。本書在一九八二年和二〇〇二年以及二〇二一年分別再版發行，前兩版除了都增加一篇簡短的前言外，並未對內容進行任何增修，後一版則增加一篇《紐約時報》記者的導言。這麼一本超過半世紀的舊書，如今再讀，依然鮮味撲鼻。

對作者本人來說，在某方面並非壞事，正如弗利曼在二〇〇二年版的前言裡所說的：「對於本書這麼禁得起時間考驗，以及還是這麼切合當前的問題，我感到非常滿意。」本書「禁得起考驗」，證明書中的論證精闢入裡，雖經半個世紀多，尚無人能眞正超越或推翻，但也暗示經濟分析在這段長時間似乎沒有任何有意義的長進，職業經濟學家和學界是否該覺得汗顏呢？

另一方面，本書鮮味未退，不是說「還是這麼切合當今的問題嗎？」也等於是說，五十多年前弗利曼針砭的問題目前還存在，甚至於變本加厲，他所建議的自由主義對策大多仍被束諸高閣。

沒錯！正如本書二〇〇二年版中文譯者謝宗林先生的〈譯者序〉所言：

「過去半世紀，除了自由浮動的匯率與自由貿易（見本書第四章），在某一程度內，普遍被世界各國採行，算是自由主義的一項有限與暫時的勝利外，政府對貨幣市場的不當干預與裁量管理仍然是經濟激烈波動（例如，二〇〇七年與二〇〇八年美國房屋抵押次貸危機與席捲全球的金融大海嘯）的一個重要肇因（第三章）；凱因斯的經濟神話仍然爲實際造成經濟不穩定的財政政策張目，爲政府『對經濟生活的深遠干預，取得廣泛的民意支持』（第五章）；政府對教育的補貼仍然是補貼學校而不是補貼學生（第六章）；弱勢族群仍然『傾向把他們切身遭遇到的一些殘餘的限制歸咎於資本主義，反而沒看出那些限制之所以能變得像實際那樣微小，自由市場其實厥功甚偉』，從而要求政府干預市場自由交易（第七章）；政府協助與縱容仍然是企業與勞方獨占的一個主要因素，而腐蝕自由經濟根基的所謂企業應負『社會責任』的邪僻言論仍然甚囂塵上（第八章）；無異於中古世紀的行會制度『限制人們的自由，不准他們按照他們自己的意思運用他們自己的能力，除非經過特許』的規定（例如醫師、律師與會計師的執業證照規定）仍然與我們同在（第九章）；沒有實效但造成資源嚴重浪費的個人所得稅累進稅率仍被倚為改變所得分配的主要工具（第十章）；各種實施的結果與成立的美意大相逕庭的社會福利措施仍不斷被推出（第十一章）；名為幫助窮人的措施，結果往往只是『幫助屬於某些特定職業團體或某些年齡層或某些工資率階層或某些勞工組織或某些產業的成員』，反倒和他們是否貧窮無關（第十二章）。

既然政府干預的成績是這麼難看，為什麼不僅舊的干預很難移除，而且新的干預還紛至沓來呢？為什麼發達於自由主義傳統的國家會越來越傾向社會主義式的政府干預呢？弗利曼引述十九世紀英國法學家與憲政理論家戴雪（A. V. Dicey，一八三五—一九二二）的話幫他回答：『國家干預，特別是以立法的形式實施的干預，有益的作用是直接的、立即的，並且，可以說，顯而易見的，而干預的有害作用卻是漸進的、間接的，出現在遠處看不見的。……而……大部分人民也不會牢記國家督察員可能是不稱職的、疏忽職守的，甚至偶爾是腐敗的……：很少人領會國家幫助扼殺自助這個不可否認的眞理。因此，大多數人類必定幾乎總是會對政府干預過分青眼有加。唯有社會上存在著……一種支持個人自由，亦即，一種支持自由放任的偏見或預設立場，才能夠抵抗此一自然的偏見。因此，僅僅是自助的信念減弱——而這種信念的減弱無疑已經發生——本身便足以解釋趨向社會主義的立法增長。』（見本書第十三章）

是的，只看到國家干預對特定團體帶來直接、立即與顯而易見的好處，不顧漸進、間接與遠處看不見的害處，加上個人自助的信念減弱，肯定是近二十多年來台灣在歷次民主選舉的浪潮中之所以逐漸往溫熱式的社會主義漂移的根本原因。經濟學之父亞當．史密斯曾說：『國家不會一下子就毀了。』問題是，如果人民大多不思自己負責與自助；記不住政客和官員可能是不稱職的、疏忽職守的，甚至偶爾是腐敗的；只要求國家賦予近利，不顧他人和下一代的負擔；如果人民大多是這樣的自私卸責與短視不智，國家遲早焉能不毀？」

《資本主義與自由》內容歷久彌新，弗利曼一九八二年版〈序言〉中就說得非常明白，他寫道：「……這是一本以一般讀者爲目標，由一位任教於一所美國重要大學的教授所寫，並且在往後的十八年賣出了四十幾萬本的作品最初的命運。假如一位具有相當於我的學術地位的經濟學家，寫了一本贊同福利國家、或社會主義，或共產主義的類似作品，也會得到如此漠視地待遇，那實在是不可能的事情。

過去二十五年來學術氣候轉變之大，可由我的妻子和我合著的《選擇的自由》一書所受到非常不同的待遇得到證明。《選擇的自由》一書刊行於一九八〇年，在思想上直接承襲《資本主義與自由》。《選擇的自由》得到所有主要刊物的評論，而且通常是具有特色的長篇評論。《書摘》不僅摘述該書，而且以它爲封面作號召。《選擇的自由》出版後的第一年就在美國賣出四十萬冊精裝本，一九八一年初並印行普及版，而且已被譯成十二種外國文字。

我們認爲這兩本書被接受程度的不同，不在於品質的差別。事實上，較早的那本較著重哲學思想，也較抽象，因此是較爲基本的。而《選擇的自由》，如同我們在該書的〈序言〉所說的，『較多精微實例，較少理論架構』，《選擇的自由》補足了，而非取代了《資本主義與自由》。從表面上看，讀者對這兩本書有不同的接受程度，可以歸功於電視的力量。《選擇的自由》是根據我們在公共電視臺同名的節目而設計的，原本也是要伴隨該節目的推出來銷售。毫無疑問，電視影集的成功，凸顯了該書的卓越。

這種解釋相當膚淺，因爲電視節目本身的存在和成功，正可證明學術氣候的改變。在一九六〇年代，從未有人來找我們製作像《選擇的自由》這樣的電視節目；這樣的節目即使有贊助者的話，也必定很少。如果眞的製作出這樣的節目來，觀眾也一定少得可憐。因此，《選擇的自由》所得到的不同待遇，以及電視影集的成功，正是輿論氣候改變的當然結果。雖然我們這兩本書的論調依然稱不上知識的主流，但至少現在已得到知識分子的尊重，而在廣大的讀者群中幾乎要被視爲傳統的作品了。」

輿論氣候的大轉變

弗利曼又說：「輿論氣候的改變，來自經驗，而非理論或哲學。蘇聯和中國曾經是知識階級的大希望之所寄，如今很明顯的已經被唾棄了。英國的費邊社會主義曾經對美國的知識分子產生極大的影響，也早已身陷困境。回頭看看美國，一向熱衷於大政府的知識分子，其中大部分又爲民主黨的支持者，在經過了越戰，特別是甘迺迪和詹森兩位總統所扮演的角色後，已感到大失所望。許多偉大的改革計畫，諸如國民住宅、支援工會、學校的種族融合、合併學區、聯邦對教育的補助、反歧視運動，這些過去代表福利的旗幟，如今已多化爲灰燼。和其他人一樣，鼓吹改革計畫的經濟學家，他們的袖珍本著作也受到通貨膨脹和高稅率的衝擊。是以上這些現象，而不是理論書籍洋洋灑灑陳述出來的理念，解釋了一九六四年高華德（Barry Goldwater, 1909~1998）的大敗，而到了一九八〇年雷根（Ronald Reagan, 1911~2004）的大勝之間的轉變。高華德和雷根這兩個人提出了相同的計畫，也傳達了相同的訊息，卻遭到截然不同的命運。

那麼，像本書一樣的同類書籍，它們所扮演的是什麼角色？就我看，有兩層意義。首先，是提供了自由討論的題目。如同我們在《選擇的自由》一書的〈前言〉中寫道：『唯一能眞正說服你的人便是你自己。你必須讓各種論題自在地在心中翻動，考慮這許許多多的辯論，讓這些辯論去喧騰鼓動，過了一段長時間之後，把你的偏好變爲堅定的信仰。』

其次，也是較爲基本的是，在環境必須做轉變之前，保有開放的選擇空間。在私人行事中，尤其是在政府的體制中，都存在著一種巨大的慣性，這種慣性可以說是維持現狀的殘暴。只有在面臨危機時——不管是實際發生的還是預期到的危機——才能產生眞正的改變。一旦危機發生，應付危機所採取的行動，是依當時社會廣爲流傳的理念而定。我相信這就是我們的基本功能；亦即，對應於現存的政策，發展出不同的方案，使這些方案持續存活且具可行性，直到它們從政治上的不可能採行，變爲政治上的不可避免。」

《選擇的自由》補足《資本主義與自由》

經由弗利曼的自述，我們已經知道《資本主義與自由》與《選擇的自由》兩本書是互補而非替代性的，而《資本主義與自由》雖也討論了十二項社會重大議題，但因較偏向哲理、抽象、具原創性和嚴謹，較難被普羅大眾接受，因而沒達成弗利曼「以一般讀者爲目標」的理想。而這本《選擇的自由》因脫胎於電視節目腳本，藉由日常生活中諸多實例，以平易近人的文字撰寫，結結實實打動了凡夫俗子的心坎。

這本《選擇的自由》共分十章，由「市場力量」開始，再談「管制」的專橫，接著剖析一九三〇年代世界經濟大恐慌的眞相，第四章以「從搖籃到墳墓」爲題解剖「社會福利」的迷思，第五章探討「公平、正義」這個弔詭課題，第六—八章分別對「學校教育」、「消費者」，以及「勞工」的福祉是否應由政府負責做翻案式解剖，第九章針對「通貨膨脹」這隻怪獸的出現及消除做探索，最後一章總結時代潮流向「人的自由和經濟自由」兩個觀念攜手並進，並在美國產生十分豐碩成果。

弗利曼在一九八〇年時認爲，美國人正在覺醒，也再度認清「受到過度管理的社會很危險」，也了解「好目標會被壞手段搞砸」，而「依賴人的自由，根據他們本身的價値，去控制自己的生活，是充分實現偉大社會的完整潛力，最牢靠的做法」。所以，弗利曼以「也幸好，身而爲人，我們仍然能夠自由的選擇應該走哪條路——是否繼續走政府越來越大的路，還是喊停和改變方向」，作爲全書結語。

不過，弗利曼雖慶幸美國人有選擇的自由的權利，但他在一九九三年二月於《資本主義與自由》一九八二年版的〈中文版作者序〉中，卻提出了震撼人心的警語。

經濟自由倒退

弗利曼寫道：「我很高興，《資本主義與自由》中文版能在台灣發行。雖然該書英文第一版發行於三十年前，但書中所揭櫫的理念乃是永恆的。那些理念適用於三十年前，也適用於今日的環境，而就某些層次言，可說更切合當前的局勢，政府干預市場的年代已因輿論而有所改變；當年批判政府干預屬於極端且激進的論點如今已廣被接受。儘管如此，政府干預的行爲並未隨著觀念的改變而同等變化。

相反的，在美國和其他西方國家，政府的角色自一九六〇年代以來，非但沒有減弱，且有增強之勢，今天的政府花掉國民所得的一大部分，採取更多的管制，且更細膩地干預到個人生活。

最重大的行爲變革發生在原本是共產主義的國家，包括蘇聯和其衛星國，以及中共。那些國家試圖以自由市場取代中央集權控制，來獲取最大可能的利益，位處於西半球的我們對這些發展深感得意。共產主義的瓦解使我們相信，我們正在進行的任何事情都是正確的。其實不然，似乎我們正努力走向五十年前的共產主義國家之形態，而共產主義國家正在努力走向七十五年前我們所處的國家之形態。

我對台灣的了解不深，因此我不敢說台灣的情形是否亦如上述的西方國家之態勢。然而，以美國為例，我確信反轉目前的方向且改行縮小政府規模和減少侵犯個人事務是極為迫切的做法。我們的行為有必要配合我們所說的話。

在台灣發行《資本主義與自由》也許像是運送煤炭到電氣化的城市，因為台灣過去四十年來遵循本書所闡釋的理念，已經變成二十世紀的經濟奇蹟之一，一如香港、新加坡、二次大戰後二、三十年的西德，以及過去二十年來的智利。不過，這樣的成果並不是說本書的理念就不相干了。美國和其他已開發國家的例子顯示，一旦透過市場機能贏得繁榮之後，常有強烈傾向走向社會主義國家之形態，要維持市場機能的運作可能比導入市場機能來得困難。我非常希望本書的發行能夠幫助台灣保有、且擴大其人民的自由和經濟的自由。」

「政策買票」在台灣有效

弗利曼的這篇序文一字不漏的搬到《選擇的自由》中文版作為序文更為適合，因為此時的台灣就像弗利曼說的美國和其他已開發國家一樣：「一旦透過市場機能贏得繁榮之後，常有強烈傾向走向社會主義國家之形態，要維持市場機能的運作可能比導入市場機能來得困難。」

我們但見大小選戰時各候選人為了贏得選舉，競相加碼不斷提出「利多政策」來討好選民。他們之所以膽敢如此的公然「政策買票」，就是看準台灣選民們喜歡「社會福利」等政策。果眞如此，不是正暴露出台灣人民對「社會福利等利多政策是糖衣毒藥」的無知嗎？如果台灣人民都能有幸讀到這本《選擇的自由》，就不太可能認同這種政策，也就不會準備飽嚐苦果了。

不朽的名著沒有過時的翻譯

值得一提的是，《選擇的自由》剛在美國出版時，台灣長河出版社的中譯本也隨即在一九八二年面世，但離二〇〇八年已相隔二十六年之久，而且正如自由經濟學前輩夏道平先生在其《人的行為》譯著的修訂版〈譯者序〉中，一開頭就說的：「不朽的名著，沒有『時效』問題，因而也沒有『過時』的翻譯；有的，只是無常的『時運』」。他恭維米塞斯（Ludwig von Mises, 一八八一—一九七三）大作的話語，也同樣適合弗利曼夫婦的這本《選擇的自由》。

不論是《選擇的自由》或《資本主義與自由》，所談的其實就是「國家與政府的適當角色如何扮演？」我們最後就從根本來省思此課題。

在任何社會，尤其是在一個「自由」社會裡，主體應是活生生的「個人」，由於個人在求取「自利」過程中必須與別人交往，而且在發揮自由意志的行爲中，難免會彼此妨害到對方的行爲，爲了免於此種妨害，或者降低妨害的程度，乃有必要由個人一起「自願」地組成國家，以政府的力量來維護個人的自由，使個人免於受到外來的敵人和自己同胞的侵犯。政府所用的工具是法律（公正而合理的），而以軍力維護國防，以警力維持治安，以司法強制私人契約的履行，最後的目標則在保護每一個人的生命財產之安全及自由。

國家和政府應是「長成的」

對於政府和國家任務的此種認知，是典型信奉自由經濟者的信念，在此種認知下，個人應該要問「我和我的同胞，如何能利用政府」來幫助我們分擔個人的責任，來達到我們各自的標的，更重要的是，如何來保護個人自由？伴隨這個問題而來的另一個問題是：如何避免我們創造出來保護我們自己的政府，反成摧毀我們的個人自由之怪獸？

畢竟，政府本是個無機組織，將之運作者仍然是凡人，既然是凡人就有私心在，而由於運作政府這個組織有著極大的「權力」，一旦集中在某人身上，極易成爲威脅個人自由的利器，因爲人性使然，很難抵抗權力滋味的誘惑，更難避免被權力所腐化，而且如阿克頓公爵（Lord Acton，一八三四－一九〇二）所言：「絕對的權力代表絕對的腐化」。弗利曼更在一九六二年時就提醒我們：「雖然支配權力的人，最初可能出自於善意，甚至起初也未因自己可以運作的權力而腐化，但是終究會對人產生致命的吸引力，終而將其改頭換面。」

弗利曼的諍言須緊緊記住

弗利曼就是在《資本主義與自由》的〈導論〉中明確這樣告誡世人的，他在該文的一開頭就對美國最有名且頗受愛戴，但被暗殺的約翰·甘迺迪的名言提出質疑。那是甘迺迪總統在就職演說中說的：「不要問你的國家能爲你做什麼，但問你能爲你的國家做什麼？」而這兩句話常常被有權力的人引用來對下屬耳提面命。

弗利曼納悶的問說：「我們這個時代對這兩句話的爭論居然是放在句子的出處，而非其內容。」他認爲這兩句話都未能表達出一個自由社會中自由人理想的公民和政府之間的關係。因爲以父權的口吻說道：「你的國家能爲你做什麼」隱含了政府是保護人，而公民則是被保護者，這和自由人認爲必須爲自己的命運負責的看法是衝突的。而「你能爲國家做什麼」這種社會組織觀點的看法，則隱含了政府是主人或神祇，而公民則是僕人或崇拜者。

弗利曼進一步告訴世人，對自由人來說，國家是由個人組成的集合體，並非高於個人的事物。自由人所引以爲傲的是共同的文化遺產，並忠於共同的傳統。自由人將政府視爲一種工具和媒介，而非恩典和禮物的施予者，或是被盲目崇拜和予以服侍的主人或神祇。除了公民個別奮鬥的共同目的外，自由人也不認爲有什麼國家的目的。

極權是自由的一大威脅

弗利曼又說，自由有如一株珍奇脆弱的植物。我們的心智告訴我們，歷史也證實了，極權是自由的一大威脅。政府的存在對於保護我們的自由是必要的，政府是一種工具，可藉以實踐我們的自由；但是，如果將權力集中在政客手上，那麼也會對自由造成威脅。

那麼，我們如何能從政府的保證中得到好處，而且又能避免政府對自由的威脅？弗利曼給的答案是美國憲法中的兩大原則，一是政府的規模必須加以限制，二是政府的權力必須加以分散。不過，弗利曼也坦白的說，實際上，人們一再地違反這些原則，而宣稱違反原則的內容爲箴言。主因出在廣大人民的「無知」。

弗利曼夫婦的這本《選擇的自由》就是讓這兩大原則得以實現和維持的一盞明燈和利器，實在是包括台灣人民在內的所有地球人都必須一讀的寶書。

第四章　芝加哥學派

自一九八〇年代初開始，在共產世界發生接二連三倒向市場經濟體的骨牌效應；另一方面，在自由世界裡，由當時英國首相佘契爾夫人和美國總統雷根的帶動下，掀起「民營化」風潮。這兩股涵蓋全球的自由化潮流，讓世人大都認定，自由經濟已成主流，政府管制力將逐漸消退。可是弗利曼在當時卻獨排眾議大潑冷水，在諸多演講場合一再提醒世人，勿被假象所迷，明確的文字見諸他在一九九三年二月爲《資本主義與自由》中文版所特意寫的序文：

我很高興，《資本主義與自由》的中文版能在台灣發行。雖然該書英文第一版發行於三十年前，但書中所揭櫫的理念乃是永恆的。那些理念適用於三十年前，也適用於今日的環境，而就某些層次言，可說更切合當前的局勢，政府干預市場的年代已因輿論而有所改變；當年批判政府干預屬於極端且激進的論點，如今已廣被接受。儘管如此，政府干預的行爲並未隨著觀念的改變而同等變化。

相反的，在美國和其他西方國家，政府的角色自一九六〇年代以來，非但沒有減弱，且有增強之勢，今天的政府花掉國民所得的一大部分，採取更多管制，且更細膩地干預到個人的生活。

最重大的行爲變革，發生在原本是共產主義的國家，包括蘇聯和其衛星國，以及中共。那些國家試圖以自由市場取代中央集權控制，來獲取最大可能的利益，位處於西半球的我們對這些發展深感得意。共產主義的瓦解使我們相信，我們正在進行的任何事情都是正確的。其實不然，似乎我們正努力走向五十年前的共產主義國家之形態，而共產主義國家卻正努力走向七十五年前我們所處的國家之形態。

我對台灣的了解不深，因此我不敢說台灣的情形是否亦如上述的西方國家之態勢。然而，以美國爲例，我確信反轉目前的方向且改行縮小政府規模和減少侵犯個人事務是極爲迫切的做法。我們的行爲有必要配合我們所說的話。

在台灣發行《資本主義與自由》也許像是運送煤炭到電氣化的城市，因爲台灣過去四十年來遵循本書所闡釋的理念，已經變成二十世紀的經濟奇蹟之一，一如香港、新加坡、二次大戰後二三十年的西德，以及過去二十年來的智利。不過，這樣的成果並不是說本書的理念就不相干了。美國和其他已開發國家的例子顯示，一旦透過市場機能贏得繁榮之後，常有強烈傾向走向社會主義國家之形態，要維持市場機能的運作，可能比導入市場機能來得困難。我非常希望本書的發行能夠幫助台灣保有、且擴大其人民的自由和經濟的自由。

在這篇幅極少的文字中，從頭到尾一再傳達這項警語，不但斷言「政府干預的行爲並未隨著觀念的改變而同等變化」，更認爲在西方國家，自一九六〇年代以來，政府的角色非但未減弱，且有增強趨勢，政府既花掉國民所得的一大部分，又採取更多管制，更細膩地干預到個人的生活，他又感慨地說，由美國和其他已開發國家的例子顯示，一旦透過市場機能贏得繁榮之後，常有強烈傾向走向社會主義國家之形態，要維持市場機能的運作可能比導入市場機能來得困難。

懷疑弗利曼說法，甚至認爲其危言聳聽的人士，到一九九七年七月爆發所謂的「亞洲金融風暴」之後，不但各國政府紛紛採行干預措施，連經濟學界也偏向指責開發中國家「過度自由化」惹禍。他們口口聲聲「不反對」自由化，但保守地認爲應「有秩序地」自由化，不能爲了自由化而自由化，至於誰來決定自由化順序，順理成章地指向政府，再加上「市場失靈」被決策者掛在嘴邊，而「短期不救將崩盤」的說法也深入人心，於是各國政府名正言順地公開採行干預措施。在此反自由化氣焰高漲當兒，老邁的弗利曼又重新扮演經濟學界的鰻魚，以「雖千萬人吾往矣」的胸懷，挺身捍衛自由經濟，他不但大聲斥責香港政府，更認爲國際貨幣基金（IMF）早該廢除。雖然他的主張實際上很難扭轉趨勢，更不可能成爲各國政策，但對其「道一以貫之」的精神，相信世人都極爲感佩，即使主張相異者也如此。而其爲何終其一生會堅持自由經濟？深信市場機能才是促進人類福祉的正確方式，相信令世人好奇，他所領頭的「芝加哥學派」是否就是答案所在？那麼，芝加哥學派到底是什麼？主張什麼？這種思潮會消失還是會源遠流長？

一、芝加哥學派的出現

如上文所言，弗利曼是芝加哥學派最具代表性人物，因而一提到芝加哥學派，大家就一定想到弗利曼。雖然他又被稱為「重貨幣學派」的龍頭，但該學派其實就是芝加哥學派在某個階段時的稱呼而已，而所謂的芝加哥學派，其明確的定義及解說，恐怕也是在弗利曼手裡完成的。弗利曼就在其一篇名為〈芝加哥學派〉的講稿（據說是在某一年新生訓練時，對新入學的芝大學生之講詞）中，開宗明義地說：「對全世界的經濟學家來說，芝加哥這個名詞，指的並不是一個城市，也不是一間大學，而是一個學派……。」弗利曼可說極為傳神的道破芝加哥學派之地位。這裡有必要強調，本文所指，也是一般所認為的芝加哥學派，指的是「芝加哥經濟學派」，不是遠流出版公司於一九九三年八月一日出版的那本書名就叫做《芝加哥學派》（西方文化叢書二十八號）中所指的芝加哥學派。記得香港《信報財經新聞》「欣然忘食」專欄作者史威德曾於一九九一年十一月二日在該欄寫過，其在倫敦看到此書（原名*The Chicago*

School-A Liberal Critique of Capitalism）時，以爲是評介芝加哥經濟學派之作，即刻購下，回家一讀方知「中計」，原來此書是批評芝加哥社會學派，與經濟學完全無關。

要追溯芝加哥學派的起源並不容易，不過，總有幾十年的淵源，因就弗利曼領頭的歲月來說，就已有五十多年了，何況他又不知算是第幾代呢！而就比較近期看，可以溯自奈特（**Frank Knight**），與其同期的著名成員還有范納（**J. Viner**）以及賽蒙斯（**H. Simons**），如果要追溯得遠一些，則亞當·史密斯（**A. Smith, 1723~1790**）又可說是芝加哥學派的開山祖師，弗利曼曾說：「……亞當·史密斯生錯了時代，也生錯了國家，否則他一定是芝加哥大學的傑出教授。」我們也知道，亞當·史密斯是以「自由放任」的自由經濟聞名，由此也可得知「自由經濟」思想在芝加哥學派所占分量之重了。

弗利曼的說法是如此，另一位也被稱爲芝加哥學派健將、也在一九八二年獲頒諾貝爾經濟學獎，但於一九九一年底去世的史蒂格勒（**G. J. Stiglet, 1911~1991**），在其一九八八年出版的親筆自傳中第十章〈芝加哥學派〉中，一開頭就這樣說：「在第二次世界大戰末期，蒙貝勒蘭學會（**the Mont Pelerin Society**，簡稱**MPS**）首次聚會之前，經濟學領域中尚未出現芝加哥學派這個名號。」因此，將弗利曼和史蒂格勒的說法綜合可知，芝加哥學派名號的奠定是在奈特、弗利曼、史蒂格勒、達瑞克特（**A.**

Director）四位芝加哥大學教授參加一九四七年第一次蒙貝勒蘭學會，在三十六位與會者中占九分之一多數，而被叫出來的。迄今之所以享有盛名，卻應得力於弗利曼在學術圈和公共政策領域都有顯赫功績之故。因此，要明確得知芝加哥學派的特色，還是得由弗利曼來現身說法。

二、芝加哥學派的三大特色

在上提弗利曼的大文裡，指出芝加哥學派有三種主要的特色：㈠不僅將經濟學當作一門學科，也以科學看待；㈡在討論經濟政策時，相信唯有自由市場才能有效組織資源，而懷疑政府干預經濟事務的成效；㈢強調貨幣因素對整體經濟體系的重要，而特別著重貨幣數量是造成通貨膨脹的關鍵因素。以下分別詳述之。

芝加哥學派的第一種特色——實證經濟學

就弗利曼而言，這三種特色中，他特別強調第一種科學方法的特色。他認為，芝加哥大學之對世界經濟思潮開始發生影響，應溯自一八九二年芝加哥大學經濟學系的成立，該系一直都把經濟學看做是與現實世界相關的嚴肅學科，而且，也認為經濟學是一種「實證科學」，亦即是一種可以廣泛應用到許多課題上的分析方法。

經濟學之為一種實證科學，是經由應用、檢定、改進這三個過程，不斷地循環而成。這種將科學和經濟學渾然視爲一體的態度，其實並未被全部的芝加哥學派學者所接受，尤其是早期的領袖們更不以爲然，像奈特教授（弗利曼的老師）就沒興趣將經濟學發展成爲一門實證學科，因此，奈特比較像是哲學家而不是科學家。

儘管將經濟學視爲實證科學並未被芝加哥學派學者們全面接受，不過，弗利曼仍確認其係芝加哥學派的最重要看法。其實，這一個特點之所以特別爲弗利曼斯強調，還有其他的重要理由在：其一，此係芝加哥學派與奧國學派的重大差別所在：其二，就是因爲經濟學能夠成爲實證科學，乃使其在社會科學中享有后冠，也才使經濟學家在一九六九年開始，被列爲諾貝爾獎的頒授對象，因爲唯有能夠實證，才可拿出證據來贊同或反對某些政策，也才使經濟學與現實生活有著密切關係。即使自一九六九年諾貝爾經濟學獎設立以來，經過四十多年，還是每年都會有「經濟學是否是科學？」的爭議。講到這裡，我們就不能不特別提史蒂格勒這一位當代重要人物。

如果說經濟學家被諾貝爾獎評審委員所青睞，眞是因爲經濟學是門實證科學的話，那麼，史蒂格勒教授在一九六四年，於第七十七屆美國經濟學會（AEA）年會的會長演說詞就可能貢獻非凡了。那篇演說詞的題目是「經濟學家和國家」（The Economist and State），該文對於經濟學家未能對政府的公共政策做有用的實證研究，極表不滿和不解。當時，史蒂格勒就說：「兩百多年來，國家的經濟角色一直受到學者的注意，但卻沒有引起他們打破砂鍋問到底的決心。我相信，在歐陸和英美的文獻中，終年不斷的辯論總脫不了抽象的談論範圍。經濟學家既不想棄問題於不顧，也不想眞正加以探究。」接著，他提出數個疑問：「爲什麼坊間有關如何評估資產的文獻汗牛充棟，卻沒人就管制團體對價格和費率的影響做出評估？爲什麼指責侵犯個人自由的言論聲浪震天，卻沒人積極探討各項福利措施對所得分配之影響？爲什麼我們一直甘於讓政策問題留白？」在提出這些疑問之後，他提出了一個重要的要求：「我們需要一套有關政府行動的正式理論，或是一系列關於政府和私人控制經濟活動之比較利益的實證研究。」

史蒂格勒之所以特別重視政府的公共政策，乃因公共政策的影響層面最深、最廣，而想要政府能夠制定完善的公共政策，唯有以證據顯示公共政策的影響效果，在「拿出證據」之後才能大聲說話，也才可以避免受特權、利益團體的左右。

因此，實證研究顯現得特別重要，而在當時，許多數量分析的新技巧已經出現了，史蒂格勒很興奮的比喻說：「數量分析的新技巧之威力，就像是用先進的大炮代替了傳統的弓箭手。」他更進一步的指稱：「這是一場非常重要的科學革命，事實上，我認爲所謂的李嘉圖（D. Ricardo, 1772～1823）、傑逢斯（W. S. Jevons, 1835～1882）或凱因斯的理論革命，比起勢力越來越強大的數量化的牽連之廣，只能算是小改革罷了。我認爲，經濟學終於要踏進它黃金時代的門檻，不！我們已經一腳踏進門內了。」就是由於有此體認，史蒂格勒在該文的末了這樣說：「我對於我們這一門學問的光明遠景感到無限的欣慰。……過去半個世紀的經濟學，證明了我們的數量研究，無論在影響力、在小心翼翼的程度，或在嘗試的勇氣上，都大大地增加了。我們日漸擴展的理論和實證研究，將無可避免地、無可抗拒地進入公共政策的領域，並且，我們將發展出一套制定明智政策所不可或缺的知識體系。而後，我相當明白地希望，我們將會變成民主社會的中堅人物和經濟政策的意見領袖。」

其實，在史蒂格勒此篇大力呼籲重視實證工作的重要著作之前，他自己已經以身作則的率先從事有關「電力管制和證券市場管制」的先鋒式實證研究，也由於親身體驗到「拿出證據來」的重要性，才有感而發的發表該篇大作。事隔五年之後的一九六九年，諾貝爾獎首次頒給經濟學家，而得獎的就是兩位著名的「經濟計量專家」——佛瑞斯克（R. Frisch, 1895～1973）和丁伯根（J. Tinbergen, 1903～1994）。由這個事實，也可印證上文所言——實證經濟學是何等被看重了。之後，較年輕一代的芝加哥學派健將黑克曼（J. Heckman, 二〇〇〇年諾貝爾經濟學獎得主之一）更是堅信「將經濟學置於可供實證的基礎上……，如此一來，經濟學就可能會有所進展」。

因此，弗利曼將實證經濟學列爲芝加哥學派的第一項特色，而且特別強調它，並不是沒有道理的。

芝加哥經濟學派的第二種特色——自由市場

芝加哥學派的成員中，有些時常發表關於公共政策的意見，因而才使芝加哥學派能見諸媒體，使該學派爲人所知。這些人在對公共政策發表意見時，都強調自由市場所扮演的重要角色。弗利曼說：「我敢擔保，世上沒有任何一群經濟學家能像芝加哥大學這一派人一樣，長久以來，如此一致的強調自由市場之特質，而且將其做廣泛的應用。」他所指的廣泛應用，是說芝加哥大學經濟學系聘任老師，都能以其聰明才智爲準，而不管他們的政策觀點爲何。弗利曼夫婦在一九九八年出版的自傳《兩個幸運的人》（*Two Lucky People*）第十四章中，一開始就再次強調芝加哥大學經濟學系自創系以來，一直就是主張自由市場經濟的重鎮，因爲系裡一直有些知名學者持有自由經濟思想，且能有效地表達、發揚這些觀點。但他又強調，他們一向是少數派，因爲芝大經濟學系的特色是教授群政策觀點百花齊放，並非定於一尊。弗利曼認爲，這種強調自由市場的政策方法，並不與科學的方法相牴觸。他甚至強調：「任何人想要了解世界、想要使用經濟理論來分析世界行爲方式的人，都遲早會認清政府干預市場的缺失；甚至於好意的干預者也會發現，他們的美夢終將成空，亦即，最後的結局與他們所想要得到的不同。」

這種重視市場機能的自由經濟特色，是延續古典經濟學家的傳統，而且將之發揚光大。其實，當前的專家或政客，甚至是一般人民，都認定自由市場就是代表芝加哥經濟學派，而這一特點也是芝加哥學派和奧國學派的最大共同點，後者對於自由經濟的引申且更甚於前者。

芝加哥經濟學派的第三種特色——重視貨幣

這個特色應該是弗利曼所奠定的，我們知道，在學術圈中，「重貨幣學派」（monetarist）是頗爲出名的，而其領導者就是弗利曼，就因爲他們極爲強調「貨幣重要」乃因而得名。在一九九八年出版的自傳第十五章〈教學授課〉開頭第一段，弗利曼就明言，在他一九五三年成立「貨幣與銀行工作坊」之後，才促成了所謂「芝加哥學派貨幣經濟學」的誕生。這個特色也是科學方法的一部分，是分析貨幣在經濟體系中所扮演的角色。其實，關於貨幣角色的分析，是極久遠的事，但將之置於政策上，卻是一九三〇年代之後才有的。由於當時凱因斯理論幾乎席捲經濟學界，對於貨幣的重要性不屑一顧，以「貨幣無關緊要」（money does not matter）這句流行話語就可知一斑，就只有芝加哥大學是唯一相信貨幣因素對整體經濟體系極爲重要的研究機構。

以弗利曼爲首的芝加哥學派學者認爲，貨幣政策的重點是在貨幣數量的變化，而不是在利率的變化。貨幣數量的變動對產生通貨膨脹、衰退和蕭條而言，都扮演著重要的角色，由弗利曼的名言：「任何通貨膨脹都是貨幣現象。」就可知其重要性之一斑了。弗利曼認爲，政府維持穩定的貨幣數量增加率，是其應採行的適當政策。關於貨幣數量的重要性大於利率這種看法，早已被廣泛接受，但在「以法則替代權衡」的這個主張上，卻仍無法被完全接納。畢竟，人是重視權力的，而全世界的中央銀行總裁、政客，仍舊希望以人爲措施來調整貨幣體系，認爲如此才可以平抑景氣循環，而使經濟體系維持穩定。弗利曼在自傳裡，回憶其會見多國領袖，談及各國經濟問題解決之道時，半開玩笑地慶幸其「固定法則」的主張沒被採納，否則他的發言機會就會大爲減少。

綜觀弗利曼所提出的芝加哥經濟學派三種特色，就第一種和第三種而言，現今已大致被其他各個學派所認同，而只有第二種還維持其獨有的強烈特色。或許就是因爲如此，如今才有「自由經濟」和「芝加哥學派」渾然一體的一般看法。不過，嚴格說來，此種特色卻不是芝加哥學派的專利，奧國學派的學者更是死心塌地信服之。

三、芝加哥學派的人與事及其演化

芝加哥學派的萌芽

雖然芝加哥學派這一名詞在一九四七年就已出現，且由弗利曼發揚光大，但一般都習慣將奈特視爲芝加哥學派的始祖，不過，身爲奈特嫡傳弟子之一的史蒂格勒卻有不同的看法。史蒂格勒之所以不認同奈特當頭的一九三〇年代即有芝加哥學派，最主要的原因應是基於弗利曼所標榜的該學派三大特色在當時並未能成形，而且奈特本人的主張也與這些特色不完全相同。史蒂格勒指出，奈特固然對中央經濟計畫頗爲敵視，但其對競爭經濟的倫理基礎也同樣嚴厲批評，而且他對數量方法也甚爲排斥。賽蒙斯和范納兩人是被一般學者認爲與奈特共同是芝加哥學派的創派人物，但這兩人的主張是否合乎弗利曼所提的芝加哥學派特色，也同樣受到史蒂格勒的質疑。史蒂格勒提到賽蒙斯有一本很有名的著作，名叫《自由放任的實是計畫》（*A Positive Program for Laissez Faire*），在一九三四年出版，書名雖標榜「自由放任」，卻是一種奇怪的自由放任，因其建議電話和鐵路之類的基本工業應歸國有，他也極力促進所得稅的公平政策，並對廣告之類的商業活動訂定詳細管制，也就是說，賽蒙斯的計畫乃是社會主義與私人企業資本主義和平共存，他可能就是當前中國大陸所實施的社會主義市場經濟之始祖呢！不過，他在貨幣政策上卻堅決認定必須遵循法則而反對採用權衡性政策來操縱，這也應深深影響往後弗利曼的貨幣思想，而終於形成芝加哥學派的三大特色之一吧！至於范納這位具十九世紀自由傾向的大師，雖也和奈特一樣對經濟思想深感興趣，而且致力於新古典價格理論的研究，但他卻並不反對數量化的技術，且積極扮演政府顧問的角色，對羅斯福的「新政」（New Deal）也不像奈特那麼地反對，他同時也是將理論應用於國際貿易和貨幣理論相關課題的先驅，范納終於轉向於參與政府事務，其在一九四五年也接受普林斯頓大學的聘約而離開芝加哥。弗利曼不但是范納的學生，還在芝大接手范納的課程，由此角度推斷，弗利曼承接范納的想法比較有可能，而范納居芝加哥學派的先驅者也較有道理。

史蒂格勒之所以不認爲芝加哥學派起於一九三〇年代，其另外一個重要原因是當時的芝加哥大學經濟學系充斥著各類人馬，並不純粹抱持相同的信念，不論是在方法論和公共政策上都是如此，其中以「制度學派」（Institutionalist）爲代表，這派人物以勞動經濟學家米立斯（H. A. Millis, 1873～1948）以及道格拉斯（P. H. Douglas, 1892～1976）最有名，而舒茲（Htenry Schultz, 1893～1938）則是數量方法的權威，是估計需求曲線的先驅，他教授研究所的數理經濟學和數理統計學，而道格拉斯則是衡量生產函數和實質工資與生活成本的領導者。這個領域與奈特南轅北轍，而奈持與道格拉斯兩人之間的恩怨也廣爲人知，史蒂格勒在親筆自傳中還特別以專章（第十二章）評述這一場恩怨。這些知名人物彼此之間的恩恩怨怨，在弗利曼夫婦的自傳裡也多有著墨，有興趣者可一窺究竟。

儘管一九三〇年代的奈特領軍時期並不被史蒂格勒認爲是芝加哥學派的出現期，但至少可說是醞釀時期，因爲奈特等檯面人物雖有歧異觀點，但對價格機能和自由市場的看法之崇信和堅守卻是無庸置疑的。而且奈特對於「團隊」（group或cluster）的培養也頗有成效，這也應該是形成學派的一項重要因素，曾被稱爲芝加哥學派三劍客的弗利曼、史蒂格勒及瓦理斯（W. A. Wallis, 1912～1998）都是奈特的愛徒。

除了學派形成的客觀條件並不十分成熟外，也似乎並無學者在一九三〇年代提出芝加哥學派的字眼，甚至於范納和其當時學生也宣稱當時並無明顯的芝加哥學派名稱或學說之形成，而史蒂格勒也未發現在一九五〇年以前的經濟學界有認知芝加哥學派的跡象，而且如上文所提的，史蒂格勒指出，一九四七年蒙貝勒蘭學會創會的會議中，才有芝加哥學派的稱號。直到一九五七年，張柏林（E. H. Chamberlin, 1899～1967）在其《朝向更一般化的價值理論》（*Toward a More General Theory of Value*）一書中專章介紹芝加哥學派，史蒂格勒說這是他所發現最早且最明確介紹芝加哥學派的文獻，而米勒（M. L. Miller）在一九六二年於《政治經濟學期刊》（*Journal of Political Economy, JPE*）的一篇文章，則是最先完整介紹芝加哥學派及其中心思想的論文。因此，至少到一九六〇年代，芝加哥學派就已正式成形而且廣被認同，同時也廣泛受到貶抑。

芝加哥學派之奠基及發揚

芝加哥學派之所以有其不朽名聲，最主要的關鍵人物還是非弗利曼莫屬，他於一九四六年重返芝加哥，此後即致力於奠定芝加哥學派的重要工作，先是將瀕臨暮氣沉沉的貨幣經濟學之研究重現生機，重新賦予貨幣數量學說新生命，不但將之用以研究經濟行爲，且對凱因斯學派做了激烈攻擊，甚且得到「反革命」的稱謂。其次，弗利曼極力爲自由放任政策辯護，而且提出重要的新政策建議。第三，他以多種重要的方法發展並採用現代價格理論。想進一步了解實情的讀者，可參閱弗利曼夫婦的自傳。

弗利曼著重批判凱因斯學派的財政政策和貨幣政策。他建立一個強而有力的實證法則，此即貨幣供給的重大改變與全國貨幣收入的變動息息相關，史蒂格勒推崇弗利曼成功地驅散凱因斯教條，有效地對抗在美國和英國的大多數總體經濟學家之反擊。弗利曼不但承繼了上文所述賽蒙斯的固定貨幣供給增加率的傳統，還加以發揚光大，他是個傑出的實證工作者，隨時準備懷疑自己的信念就是某項問題的關鍵，依據實證資料進行最精巧的分析。弗利曼富於辯才，頗有天賦能力來引起對手的憤怒，從而逼使對手花費很多精力來替他的觀點打廣告，迄二十一新世紀，許多有分量的貨幣經濟學研究都出自芝加哥大學，以弗利曼的貢獻最大，史蒂格勒甚至認爲，芝加哥經濟學的貨幣面就是弗利曼創造的。

公共政策領域是弗利曼在貨幣之外的另一大伸展空間，不但議題廣泛且見諸多種媒體，一九六二年的《資本主義與自由》（*Capitalism and Freedom*）和一九七九年的《選擇的自由》（*Free to Choose*），是兩本最成功的通俗作品，而其一大堆演講和辯論，以及擔任《新聞週刊》（*Newsweek*）數十年的專欄作家，使他在公共政策方面成爲家喻戶曉的人物。史蒂格勒特別指出「教育券」（voucher）和負所得稅（negativen income tax）兩個例子，來展現弗利曼在現代價格理論上也有其重要地位，他承繼范納在此方面的傳統，嚴謹地呈現價格理論來指導現代的學生如何使用。

史蒂格勒是芝加哥學派如日中天時的第二大劍客，他在一九五八年重回芝加哥大學任教商學院，擔任第一個Walgreen講座教授。關於Walgreen講座教授職銜有個有趣的來源，一九三六年時，老Walgreen先生爲其在芝大的姪女辦休學，並控告學校教自由戀愛和共產主義之類的顚覆理論，該事件被《芝加哥論壇報》炒熱而迫使伊利諾州的議會組成調查委員會調查，芝大後來洗清冤名，Walgreen先生相信芝大無辜，乃贈送五十萬美元給芝大美國中心設立特別講座，二十年後才由史蒂格勒第一位獲得。他是應三劍客之一、當時擔任芝加哥大學商學院院長的瓦理斯之邀回到芝大，對於領取年薪兩萬五千美元高薪一事，史蒂格勒表現得甚爲得意，他同時任教於經濟學系和商學院。史蒂格勒在一九四六年本應芝加哥大學之邀受聘教授，卻臨時有變被芝大排拒，換成弗利曼前往，史帶格勒乃轉往布朗（Brown）大學，一年之後再赴哥倫比亞（Columbia）大學待了十年，其間芝大曾數次下聘都被他所拒，這段歷史見諸史蒂格勒自傳和弗利曼夫婦自傳（第九章），以及本書第二章。而瓦理斯和弗利曼、史蒂格勒走不同的路，他往行政及政壇發展。

除了三劍客之外，芝加哥學派極盛時期的人物尚有許多，史蒂格勒首先提到的是艾隆．達瑞克特，這位在上文曾提及，也是芝加哥大學參與蒙貝勒蘭學會首次會議的四位人士之一，被認爲是特殊人物，他之所以特殊，據全球知名的華裔產權經濟學家張五常的描繪，達瑞克特雖只有一個哲學學士頭銜，但其智力和深度絕不在弗利曼之下，可是他絕少發表文章，也不喜歡教書，只愛閱讀，他是赫赫有名的期刊《法律與經濟學期刊》（*Journal of Law and Economics*）第一位主編，但他很少約稿、從不催稿、永不趕印，也絕不宣傳，每年只出一期的期刊，今年應出的往往遲到下一年才問世。但一九五八年底所出的第一期，十篇文章篇篇精彩，讀者無不拍案叫絕〔這段文字引自張五常〈我所知道的高斯〉，《憑闌集》，香港壹出版公司，頁一〇八－一一一。這裡的高斯是香港人士對寇斯（Ronald Coase）的中譯名。達瑞克特是弗利曼夫人蘿絲（Rose）的大哥，他的重要性由弗利曼夫婦的自傳首頁所寫的「此書獻給達瑞克特」也可得到印證。〕史蒂格勒是在一九四七年蒙貝勒蘭學會第一次聚會後與達瑞克特成爲密友的。凱塞爾（R. Kesscl）是另一個人物，史蒂格勒形容他是個直腸子，有時稍嫌魯莽，天眞又夾雜一些頑固，其專長在於健康經濟學，他早期的一篇文章指出美國醫療學會對猶太醫生的敵意，是起因於猶太醫生有殺價的傾向，曾引起一陣不小的騷動，此君於一九七五年就英年早逝。路易士（H. G. Lewis）被史蒂格勒稱爲經濟學系的支柱，因其不僅解決系裡行政事務的困難及學生課業上的疑難，同時又重新建構現代勞動經濟學的形式。其他被史蒂格勒提到的人物是羅瑞（J. Lorie，他是現代財務經濟學的先驅）、鄧塞茲（H. Demsetz, 1930～2019）、特爾色

（L. Telser）、佩爾斯曼（S. Peltzman）、波斯納（R. Posner，此君在開創法律經濟學領域迭有貢獻，他也是聯邦高等法院的法官），以及精通經濟發展的哈伯格（A. Harberger）、詹森（D. G. Johnson）、舒爾茲（T. W. Schultz，一九七九年諾貝爾經濟學獎得主）。

這幾個人中，佩爾斯曼和哈伯格有必要更詳細的介紹。前者於一九七〇年代初期曾擔任過尼克森總統經濟顧問委員會委員，他承繼史蒂格勒在公共政策的「實證」上有輝煌成果，特別是對於似乎是自明之理的消費者保護，提出了兩篇石破天驚不同看法的文章。第一篇是一九七四年提出的，他以經濟學方法，對於美國一九六二年通過施行的《藥品修正法案》做實證分析。該修正案係因應一九六一—六二年泰利竇麥鎮定劑導致畸形胎兒的醜聞，在消費者保護團體的要求下，對於允許新藥品上市的條件，增加了許多新規定。製藥商不但需要顯示產品是「安全的」，而且尚需證明藥是「有效的」，甚且，該修正案也不再規定食品藥物管理局必須在一定期間內，對新藥的許可做成決定。新修正案的原意在杜絕不良藥品的出現，也希望能免去藥物太浮濫所形成的經濟上浪費，立法目標不但要增進消費者的安全，也要讓消費者免於購買缺乏眞實醫療價值的藥品。對於這種善意，佩爾斯曼以有利於新法的假設爲基礎進行研究：如果藥品市場沒有管制，則分辨有效和無效藥品，得靠醫生和病人透過「試誤」

的過程來決定。在經過相當短暫的一段期間後，所有無效的藥品便會受到排斥，以經濟術語來說，就是對這些藥品沒有需求了。

如此說來，新的修正案是在免除消費者試誤過程的學習成本，而將該成本轉至食品暨藥物管理局去負擔。爲了證實修正案是否達到目標，可以比較一九六二年新修正案通過前後，新藥的需求和供給變化：若立法有效，則新藥的供給和需求不會在上市後逐漸遞減。佩爾斯曼的實證顯示，修正案通過後，無效藥品的出現比例並未減少，亦即，使用新藥的學習成本未減，經濟浪費也沒少。更遺憾的是，每年上市的新藥約少了一半，新藥上市時間平均延後四年，並且所有的藥價都顯著地上升。再據佩爾斯曼的估計，修正案非但未能改善消費者所用的醫藥品質，反讓他們每年多花等於百分之六的租稅。這項立法只有兩種人得利，一是權力和職責都擴大了的政府官員，二是受保護而免於競爭、以致缺乏創新的製藥公司。

第二篇是一九七五年發表在著名的JPE期刊，對汽車安全立法的效果做實證之論文。我們知道，立法的本意在於意外事故發生時，讓駕駛人更容易保護自己，進而減低死亡人數。不過，從反面角度看，這些法律反而鼓勵了駕駛人開車粗心大意，因而會增加死亡人數。所以我們必須思考，到底汽車安全立法的淨效果，是降低了駕駛人的死亡人數，還是增加了駕駛人的死亡人數？佩爾斯曼的實證發現，兩者的效果大致相當而彼此抵消，也就是說，意外事故發生的次數增加，但每次意外事故死亡的駕駛人數減少，兩者相抵，駕駛人死亡總數基本上沒變。可是另有一個副作用卻產生了，那就是行人死亡人數的增加。此情此景可說是「將自己的快樂建築在別人的痛苦上」之寫照。此種對政府善意管制政策的反面思考，以及利用實證方法檢驗，已有「新芝加哥學派」的稱呼出現。

關於哈伯格教授這一位發展經濟學名家，他在「成本效益分析」上著有聲望，對開發中國家，尤其中南美洲國家的影響更是巨大，而在租稅理論上通用表示「社會無謂損失」（social deadweight loss）的「哈伯格三角形」（Harberger Triangle），就是以他的名字命名的。此外，智利在軍政府皮諾契特時代進行經濟改革所重用的「芝加哥小子」（Chicago Boys），成員幾乎都出自其門下，由於他的引薦，弗利曼赴智利協助經改還曾引發滔天巨浪，甚至對弗利曼的獲得諾貝爾獎起了巨大漣漪。（這一段有關弗利曼在智利經改事件所衍生的風波，弗利曼夫婦自傳有專章詳細記述，本書第五章也有摘述。）

另有四位特別值得一提。第一位是舒茲（G. P. Shultz），由於其正直、判斷力佳，行政能力又很好，曾被商學院教授說服當院長，他在一九七三年擔任尼克森總統的財政部長時，曾讓美元的匯率浮動，此後即步入政壇，擔任過國務卿，在德州州長小布希有意出馬角逐美國總統時，舒茲又復出江湖。第二位是偉大的人物寇斯（Ronald H. Coase, 1910～2013），他是一九六四年到芝加哥大學任教的，對於英文極爲精通，是個慧黠而文雅的學者，但他崇尚自然隱居，史蒂格勒說他好像連電話都沒有裝，具有對時髦思潮免疫的獨立性，要不是一九九一年頒諾貝爾經濟學獎給他，恐怕連經濟學界都會忽視他的存在，不過，「寇斯定理」的聲名遠播，也使交易成本和產權理論開創出一片開闊天空，而且璀璨異常。不過，到底有多少人眞正了解寇斯定理的「眞義」，寇斯本人則甚爲存疑。而寇斯所強調的跳脫「黑板經濟學」，將經濟學由「板上談兵」引入與實際世界連結的天地，則值得深思，尤其他所謂的實證工作並非當前流行的計量經濟和數理經濟等利用高深數理工具的做法，更是經濟學專業者必須嚴加正視的。寇斯已於二〇一三年去世，享年一百零三歲。

第三位是一九九三年諾貝爾經濟學獎得主之一傅戈（R. Fogel, 1926～2013），他是經濟史學家，而且是所謂的「新經濟史」學派先驅。一般來說，經濟史學家所研究的通常是影響深遠的問題，這種課題的研究原本就必須結合歷史、統計、社會，以及經濟等面向，而傅戈所創導的新經濟史學派，更把經濟理論和計量方法結合在一起，重建數據基礎並創造新的基礎，使我們得以重看歷史，對於過去已有的研究成果提出質疑和重新評估。如此一來，不止我們能對過去重新認識，且有助於清除毫不相干的理論，而在補充和修正傳統的理論之後，我們也就比較能夠瞭解經濟的成長和變化。

傅戈在青年時期不但同情社會主義者，甚至同情馬克思主義者，後來經由科學思考才轉而相信市場經濟且堅信之，而傅戈自己表示，最感興趣的研究課題是北美經濟歷史。他的著作數量並不多，成名作是其博士論文改寫，於一九六四年出版的《鐵路和美國經濟成長：計量經濟歷史論文集》，傅戈利用其首創的「反面事實推證法」（Counterfactual Speculation）研究鐵路在十九世紀的美國經濟成長所扮演的角色。

一般的教科書和歷史都歌頌鐵路對十九世紀美國經濟成長的貢獻，讓大家覺得如果「沒有」鐵路，美國的國民生產毛額（GNP）的成長就會比較慢，傅戈這樣問：「如果沒有鐵路，會發生什麼事？會使這個國家的工業化進展造成何種改變？」一般認為，鐵路對於十九世紀的美國經濟成長有三大貢獻：一為鐵路降低了單程運費，使得原本廣闊而無法利用的農業地區，有了經濟上開發價值；二為建設一個跨越大陸的廣大鐵路網，因而需要很多工業產品，進而使美國工業化起飛；三為穿越大陸快捷而頻繁的運輸，促使重大的技術創新。

傅戈對十九世紀美國的工業變數統計下了一番紮實工夫，重估了運輸成本和商業化農業在各地區間的配置，也對鋼鐵工業的各部門做了分析，結果將上述的二大貢獻都推翻掉。先是證明鐵路網對美國西部的開拓根本不能說是不可或缺的，只要把美國的運河網稍微擴充，那些被認爲不靠鐵路就無法利用的農業土地，有百分之九十五都可以在完全相同的成本下得到交通之便。傅戈也證明，沒有鐵路的話，對美國能源及煤鐵等礦產的供應成本，幾乎不會有什麼影響。就鐵路的出現造成工業需求而言，在一九四〇—一九六〇年約二十年間，對美國的鋼鐵需求從未超過產量的百分之五，因而不足以解釋美國的冶金業在那二十年裡有非比尋常的成長。即使就十九世紀的後五十年，傅戈也得到鐵路的突飛猛進並不足以說明工業發展歷程的結果。他的具體結論是，在其他條件不變下，如果沒有鐵路，美國在一八九〇年的GNP至多會降低百分之三，亦即，頂多使美國的經濟成長延後兩年而已。

十年之後的一九七四年，傅戈再提出一個引起極大爭議的說法，是關於十九世紀美國奴隸制度在美國經濟發展中的作用，那是他與殷格門（S. L. Engerman）合著的《美國奴隸制度經濟學》（*Time on the Cross: The Economics of American Negro Slavery*）一書內容。傅戈將奴隸看成一種制度來研究，他發現把奴隸視爲一個沒效率、無利可圖和資本主義前的群體之舊觀點，是不正確的，而奴隸制度之崩潰是政治決定的，該制度儘管不人道，但在經濟方面卻是有效率的。

後期傅戈所從事的研究是經濟人口統計學，以十個世代人口資料爲基礎，用以分析經濟和文化因素對諸如儲蓄率、女性勞動參與率、生育率和死亡率、經濟和社會移動率，以及遷移率的交互關係。傅戈特別重視死亡率的減少能夠用營養改善來解釋的能力是不夠的，意思是說，死亡率的減少尚有部分原因無法解釋。傅戈發展一套系統分析，來綜合研究死亡率、發病率、食物攝取，以及個人的體重和身材等等因素的關係。這種研究必須結合生物學、醫學，以及經濟學才能成功，如果得以突破，將對經濟史的研究有多層次的影響。

第四位是布坎南（J. Buchannan, 1919～2013），他是一九八六年諾貝爾經濟學獎得主，師承奈特，由於選修奈特的價格理論課程，才使他由「自由派的社會主義者」轉爲「市場的狂熱擁護者」。布坎南雖在芝大取得博士學位，但學術生涯幾乎與芝加哥搭不上關係，他在維吉尼亞工學院和都洛克（G. Tullok）創立「公共選擇研究中心」，一九八三年將該中心遷至喬治梅遜大學（George Mason University），擔任中心主任，他所領銜的「公共選擇」理論是政治經濟學之代表，但布坎南自認爲屬於奧國學派。

二十世紀末芝加哥學派的發展

二十世紀末芝加哥經濟學派的新領袖已經出現，以貝克（Gary S. Becker, 1930～2014）和盧卡斯（Robert E. Lucas, Jr.）兩人最爲重要，前者獲得一九九二年諾貝爾經濟學獎，後者也在一九九五年得到諾貝爾獎，素有「理性預期大師」之稱。貝克極富原創力，將經濟學的適用範圍擴大至諸多領域，其博士論文將經濟學分析應用於種族、性別和其他形式的勞動市場歧視課題，因而造就貝克成爲「人力資本」的領袖人物，其後他又重振犯罪與懲罰的經濟理論，而在家庭經濟理論的開創上更是成就驚人，他也繼弗利曼之後插手公共政策領域，自一九八五年起，每個月固定爲《商業週刊》（*Business Week*）寫一篇專論。貝克已於二〇一四年去世，享年八十四歲。

盧卡斯的理性預期理論旨在鑑別政府（和個人）的行動不會令經濟行爲人感到驚訝，譬如說當強大的通貨膨脹快發生時，聯邦準備銀行通常會賣公債給商業銀行，因而整個金融圈就學會預期此種行動，所以會在政策尚未形成前，就採取適當的行動以免自己受到影響，該理論對大多數的傳統總體經濟理論，包括凱因斯學派的政府積極以有效需求政策干預、精密調節經濟景氣做法，產生了嚴重的破壞力。一九八八年七月二十三日《紐約時報》一篇專論，就當時熱烈進行的美國總統大選，兩黨經濟政策做比較時，出現「淡水」（Fresh-water）、「鹹水」（Salt-water）和「騎牆派」（Straddlers）等名詞，前者的代表人物就是盧卡斯，由其名言「我們應極力反對能以政策精密調節經濟體系的說法」，可知一脈相承芝加哥學派，當時也出現了「新興古典學派」（New Classical Schoo1）的另一稱呼。

表面上看，似乎貝克致力於個體經濟理論領域，盧卡斯則努力於總體經濟理論的工作，其實他們兩人都以個體經濟理論爲基礎進行分析，且不約而同地往經濟成長理論進行突破性研究。

源遠流長、承先啓後的芝加哥學派精神

芝加哥學派由一九三〇年代的隱晦不明到一九五〇年代的卓然成形並開始散放光芒，直到一九八〇年和一九九〇年的新人物接棒。史蒂格勒提出一個很有意思的問題：「新發展（指貝克、盧卡斯等人的研究）是否能代表芝加哥學派核心思想的延續？」史蒂格勒的答案是肯定的，理由是：每項發展都將經濟理論持續，且一致地應用於過去被經濟學家視爲「給定」的制度和行爲範疇——研究生活中難解的事實，而不是研究理性經濟行爲的產物。因此，史蒂格勒接著說：如果在一所大學裡看到類如貝克和盧卡斯兩位經濟學家及其後繼者撰寫否定芝加哥學派傳統的著作時，可就讓人吃驚了。

這樣子的說法也見諸於張五常的著作中，他認爲芝加哥學派之所以成爲芝加哥學派，說到底不是因爲外界所說的，他們反對政府干預或支持自由市場，而是因爲歷久以來，那裡有一些頂尖的思想人物，對眞實世界深感興趣，客觀地要多知道一點。張

五常又說，在寇斯舌戰群雄的那一夜之前，芝加哥學派早已名聞天下，但當天晚上辯論開始時，反對寇斯者都是贊成政府干預汙染的，而反對政府干預汙染的寇斯卻勝了一仗，然而，寇斯卻又是贊成政府干預的倫敦經濟學派培養出來的。對於芝加哥大學經濟學系爲何得以孕育出如此之多的胸襟廣闊人物，世人也許對該系存有某種憧憬，的確，在古色古香的古老不起眼建築裡，爲何會有不可思議的涵養力是讓人好奇的。

因此，時下有人基於重視市場、崇尚自由經濟已非芝加哥學派的專利，因而認爲芝加哥學派應已是明日黃花，但由芝大經濟學系仍有一批智慧人物對眞實世界感到興趣，正努力而想客觀地要多知道一點來看，芝加哥學派當然存在的，而且將能永遠持續存在，即便該系若不幸由於學校管理方向的改變，優良學術環境被人爲破壞，其傳統精神也會長存，何況這種可能性微乎其微呢！以此觀點言，一九三〇年代時應該也就有芝加哥學派的，只是該名詞的提出可能是在一九四七年於蒙貝勒蘭學會首次會議中而已，而芝加哥學派也不可能消失。

不可否認的，芝加哥學派迄今被世人一致認定的特色是對自由經濟的堅持，並且堅信市場競爭力量。不過，對自由經濟的詮釋及絕對信任，芝加哥學派卻較奧國學派略遜一籌，尤其在自由經濟哲學上更遠不及奧國學派。

第五章　諾貝爾獎．弗利曼．智利經改與中國行

一、諾貝爾獎掀波浪的一年

一九七六年十月，當瑞典皇家科學院宣布美國芝加哥大學教授弗利曼爲該年諾貝爾經濟學獎得獎人後，年年平靜無波的局面就此打破，反對和抗議聲不斷發出。我們可舉斯德哥爾摩大學經濟學系和瑞典商業學院的教師及研究員的抗議信作爲代表，內容爲：「儘管弗利曼在經濟理論方面有一些發展，但他完全不理會其所推薦的經濟政策所帶來的後果……弗利曼對實際政治的影響，是不應該嘉獎的。他和他的芝加哥學派，做了軍事獨裁者巴西和阿根廷的顧問，也替智利軍人政權擬出一條經濟政治路線。……這一切不但指出皇家科學院的政治幼稚病，也完全抹煞弗利曼的得獎資格。……」

除了書信的抗議之外，頒獎當天，場內有一人示威，場外更有四千人示威，而使截至該年爲止，共七十五年的諾貝爾獎頒獎典禮首次遭到破壞，而且因爲示威者的擋道，使諾貝爾獎頒獎結束後所舉行的傳統晚宴，首度延遲開席。這事件凸顯了許多人將「意識型態」和「政治立場」引進學術領域內，他們不在弗利曼的經濟理論是否眞有貢獻上爭論，卻將與該獎頒授無關的「政治」牽扯進來。

可以想像，即使像弗利曼這種見過大場面且修養合宜的人，在該場合應不免尷尬，不過，這卻恰可凸顯出其受人重視的程度。我們知道，自從一九三〇年代全球經濟大恐慌夢魘發生之後，凱因斯經濟理論就席捲全球，而在其「創造有效需求理論」的掩護下，政府躍上經濟舞臺，而且當上了主角。一時之間，透過政府這隻「可見之手」就可「精密調節」整個經濟的說法廣被接受，不但當政者沾沾自喜有此能耐，就連大多數的經濟學家也如此認爲。美國的《時代週刊》還曾在一九六〇年代宣稱：經濟學家和政治家將共同合作來「管理」經濟，使經濟從景氣循環中掙脫出來。在此種樂觀氣氛瀰漫下，只見到處歌頌政府管理經濟的功能，置身於此種環境，想要提出異議者，實在非有無比的勇氣和堅強的實力不可，而弗利曼就是這樣的一個人。從一九五〇年代起，他就陸續提出異於當代思潮的想法，爲人熟知者當然是「貨幣重要」，「固定貨幣供給增加率」，以及「以法則替代權衡」等等。而其主要思想乃回復古典經濟理論，對於政府的功能，尤其在經濟方面的作爲有所質疑。

諾貝爾經濟學獎並非由諾貝爾（Alfred Nobel）遺囑設立的，一九〇一年，依其遺囑所設立的獎項只有物理、化學、醫學、文學及和平等五種。諾貝爾希望獎勵的是特殊的成就，並不是傑出的個人。因此，在自然科學方面，諾貝爾是對重大「發現」（discovery）、「發明」（invention），以及「改善」（improvement）給獎。一九六八年，瑞典中央銀行爲慶祝成立三百週年，出資創設了一個新的獎項：瑞典中央銀行紀念諾貝爾經濟學獎（Central Bank of Sweden Prize in Economic Science in Memory of Alfred Nobel），簡稱諾貝爾經濟學獎。此一新設獎項，基本上是比照原先的諾貝爾獎給獎標準。按照瑞典中央銀行的規定，「此一獎項每年頒給一位在經濟學上具有傑出貢獻，且其重要性一如諾貝爾在遺囑中所言的人士。」但有許多年，每年的得獎者都不只一個人。

第一次諾貝爾經濟學頒獎是一九六九年。在第一屆諾貝爾經濟學獎頒獎當年，經濟學家及財經記者們，對於誰將是第一屆得主，臆測紛紛。每一則新聞報導及會話討論，都會出現兩個名字——保羅・薩繆爾遜和弗利曼。結果第一屆得主是挪威的弗瑞希（Ragnar Frisch, 1895～1973）和荷蘭的丁伯根（Jan Tinbergen, 1903～1994）共同獲得桂冠，令各方人士大感意外，不過，頭一次由兩位歐洲人共同獲得榮銜，似乎挺有道理的。第二屆的猜測比第一屆少，但最熱門的兩位可能人選，仍與第一屆相同。結果是薩繆爾遜獲獎，弗利曼在《新聞週刊》的專欄寫道：「薩繆爾遜教授多年來科學研究有成，獲得這項榮譽實至名歸。」

此後五年，弗利曼年年落榜。蘿絲和許多經濟學家已經明白，在衡量抉擇時，除了在經濟學的貢獻之外，還有其他因素需要考慮，蘿絲說她已不再興奮地猜測「誰會得獎」。因此，一九七六年十月十四日弗利曼獲諾貝爾獎的消息傳到蘿絲耳中時，大出她的意料之外。

蘿絲表示，沒有人說弗利曼對經濟學無顯著貢獻，因而不配獲獎。弗利曼得獎消息傳出時，唯一負面的指控是，弗利曼是「目前主導智利經濟的一群經濟學者，知性上的導師，以及非正式顧問」。第二個問題是：爲什麼拖這麼久弗利曼才得獎？蘿絲舉出兩個評論人的解釋：第一位是《新聞週刊》當時的副總編輯馬茲（Larry Martz），他在〈弗利曼榮獲諾貝爾獎〉這篇專欄文章裡寫著：「如果由同僚票選，弗利曼早就已經得獎——瑞典皇家學院之所以拖延，乃是因爲他嗜好爭論及右翼政治主張。」

另一位是魯克瑟（Louis Rukeyser），他說：「如果弗利曼更專注學術榮譽，少花精神在人類自由，他在好幾年前就可以得到諾貝爾獎了。」魯克瑟又提到，在公布弗利曼爲得主之前「史無前例，發生激烈辯論」。蘿絲也提出她的意見，她說：「由種種『史無前例、激烈辯論』的報導，我們不清楚辯論是不是發生在推薦得獎人的專業經濟學者之間，或是瑞典科學院的評審委員之間。據知握有審決權者，大多不是經濟專家。通常，委員會認可只是形式，可是這一屆卻顯然不同。瑞典及其他國家的專業經濟學家，都完全明瞭我先生對實證經濟學的貢獻，已經普受極右或極左各種不同政治觀念的經濟學家之接受與承認。委員會裡非經濟學家的委員，只曉得他出於同情我們這一代的社會主義哲學，成為政治上出名的討厭鬼。」

弗利曼終於被宣布獲獎，在宣布得獎的那天早上，因為弗利曼先前已答應當天到密西根州，為該州要求平衡預算與撙節開支的法案修正做巡迴演講，因此必須一早就離開芝加哥。當他抵達底特律機場時，負責推動修正案的代表前來接機後，帶弗利曼到底特律記者俱樂部參加當天演講之前的記者會。當他們到達俱樂部的停車場時，看到現場眾多的記者和電視臺的人員，弗利曼嚇了一跳，當場就說，他很驚訝推動修正案的努力會受到這麼多的關注，就在弗利曼從車子裡面走出來時，一位記者伸出麥克風，緊貼在弗利曼的臉上說道：「你對獲獎有什麼感想？」弗利曼說：「什麼獎？」記者說：「諾貝爾獎。」弗利曼很自然地表達獲悉得獎消息的喜悅。記者又問：「你認為這是你學術生涯的巔峰嗎？」之類的話，弗利曼說不是。弗利曼又說，他的經濟學家同行對他未來五十年工作的評價，會比七位瑞典人目前怎麼看他的工作成績，更讓他感興趣。

弗利曼為何遲至一九七六年才獲獎，如前所述「政治上的偏向」是重要因素，而瑞典科學院數年後竟克服此難關頒獎給弗利曼，是應對該院表示崇敬。不過，令人意外的是，當弗利曼得獎的消息發布那天，卻有四位過去醫學或生理學的諾貝爾獎得獎者，在《紐約時報》上發表對諾獎委員會頒獎給弗利曼的譴責，因爲據他們所知，弗利曼是當時智利獨裁軍政府的「智利經濟團隊的學術領袖與非正式顧問。」

一九七六年對美國和芝加哥大學都是非常特殊的一年，全部七位諾貝爾獎得獎者都是美國人（和平獎得主從缺，醫學和物理獎各由兩人合得）。文學獎得主和經濟學獎得主都是芝大教授，因而芝加哥大動員，《芝加哥論壇報》派出文字、攝影記者到斯德哥爾摩，ABC、CBS、NBC三大電視臺也派員轉播頒獎典禮。

弗利曼夫婦提早一天在十二月六日抵達斯德哥爾摩，以便有二十四小時調整時差。在機場接待室歡迎的人很多，而且有重重警衛包圍，嚴密保護。他們被領到貴賓室，瑞典科學院祕書、諾貝爾經濟學獎委員會主席、美國大使館代表，以及其他人等著他們，入境手續有人代理，行李也順利出現。由於擔心會有示威人潮滋事，新聞記者不准到機場採訪。他們在斯德哥爾摩全程時間，每天二十四小時全天候都有警察保護。在一個「智利委員會」的號召下，有人群示威，新聞界也有所抨擊，由機場往全體得獎人下榻飯店途中，座車由警車前後簇擁保護。弗利曼夫婦從抵達到離開，兩名年輕保鑣形影不離，他們的房間晝夜都有員警監看，連旅館女傭都不准在沒警察陪同下進入房間。

弗利曼的記者會人潮之洶湧，只有索忍尼辛那次可比擬，媒體記者不是要聽弗利曼對經濟事務的觀點，所有的問題和興趣都集中在弗利曼被指參與並擔任智利軍事執政團的顧問上。不過，大多數問題都不特別有敵意，弗利曼卻感嘆，人們因錯誤訊息形成的印象實在難以打破。明明當年負責安排弗利曼到智利訪問六天的芝大教授哈伯格早已寫了一封詳盡的信給諾貝爾基金會主席，說明了他和弗利曼涉及到智利事務的眞相，該信且在瑞典和美國普遍發布，連《華爾街日報》都刊登了，依然無法阻止有心人士以全盤不實消息爲根據，對弗利曼做持續攻訐。

全場的記者雖無敵意，但瑞典皇家學院走廊和街上的示威群眾情緒卻十分激動。斯德哥爾摩經濟學社邀請弗利曼赴晚宴當主賓，並做「爲什麼美國經濟沒有蕭條」的簡短演講，在場若干老派學人提出一些異議——許多異議在一九五四年弗利曼同樣在斯德哥爾摩談同樣問題時已出現。弗利曼日後接到當天在場的青年學人來信，請他別以那天學社的討論爲基礎，來評斷瑞典當時的經濟學研究。

領獎典禮

諾貝爾週有三件大事：領獎典禮、典禮後在市府舉辦的宴會，以及國王賜宴。

一九七六年十二月十日是諾貝爾逝世八十週年，也是諾貝爾獎七十五屆領獎日。弗利曼夫婦由旅館出發前被告知，將有示威團體會在音樂廳外示威，但他們卻沒感到有示威活動，或許是因爲他們是由示威群眾不察的一道門進入音樂廳，或是因爲便衣警衛重重圍住而看不到示威群眾，他們身邊的警員一直穿著便衣，從來不穿制服。

到了音樂廳，弗利曼立刻去和其他得獎人會合，來賓魚貫而入，樂隊奏著美國人熟悉的一段《西城故事》選曲，到下午四時五十分，來賓都已準時入座。五時整，號角響起，在斯德哥爾摩交響樂團演奏《從軍樂》聲中，卡爾國王領頭，施薇雅王妃、伯提王子、莉莉安王妃相隨，由舞臺左側出現。每位得獎人則按指定的順序，由諾貝爾委員會的一位代表陪伴，從右側現身。在國王出現前，上一屆諾貝爾獎得主已先入座，坐在本屆得主的後面，諾貝爾基金委員則坐在舞臺正中央的後方席次。全體觀禮人員在號角響起，預告國王蒞臨時就起立，直到得獎人入場爲止。

諾貝爾基金會主席以瑞典話致詞，揭開頒獎典禮序幕。諾貝爾物理學委員會代表起身，以瑞典話發表一篇冗長談話，細數物理學獎得主的事蹟與貢獻。在談話結尾，陪伴人員以得獎者本國語言，向已站起身的得獎人轉述，接著請得獎者出列，由國王手中領取諾貝爾獎金牌、證書和獎金支票。依照傳統，號角聲大作，得獎人與國王分由舞臺左右兩側走向中間，得獎人由國王手中領取金牌、證書，相互握手，客套幾句話，然後國王回座，得獎人轉身面向來賓鞠躬，大家熱烈鼓掌。

每位得獎人都照這套儀式領獎，物理學獎之後，依序是化學、醫學及文學獎。在此之前，一切行禮如儀，之後就變了。諾貝爾經濟學委員會代表龍柏格（Erik Lundberg, 1907-1987）教授以瑞典話報告得獎人事蹟及貢獻完畢，再以英語敘述一遍時，弗利曼起立，突然間在包廂後端有個穿禮服的人站起來，伸出雙手，以英語大喊：「打倒資本主義，還給智利自由！」很快的這位仁兄就被請出場。龍柏格教授低聲向弗利曼道歉，還說：「說不定還會更糟。」由於弗利曼對遭人示威已司空見慣，的確認為說不定還會更糟。弗利曼和國王走向舞臺中央，在領到獎牌、證書，並與國王握手之後，弗利曼比起前面六位得獎人得到更熱烈的掌聲，站得更久才鞠躬退席。

觀禮者絕大多數是瑞典人，很明顯地不認同那位示威者。往後幾天弗利曼夫婦每到任何場合，都有人對該意外表示歉意，諾貝爾基金會頗為尷尬，立刻通過決議，調查這個年輕人究竟是如何混入音樂廳的。每年二月就分配好十二月頒獎典禮時的入場券，一般視收到入場券為莫大榮譽。後來答案揭曉，那個年輕人的父親是瑞典某所學校校長，得到兩張入場券，頒獎典禮當天，年輕人說服父親給他一張門票，進場鬧場。

諾貝爾晚宴

領獎典禮結束後，大夥由音樂廳轉往舉辦諾貝爾晚宴的市政府。弗利曼夫婦被告知，音樂廳外頭正在進行一場大規模的示威活動，新聞報導指出，有二千至六千人之多，高舉旗幟抗議弗利曼涉及智利獨裁政府的活動。隨扈人員刻意繞路，把弗利曼夫婦由音樂廳帶到市府，因而他們只從汽車窗口遠遠看到示威情況。許多賓客在進入音樂廳觀禮時，以及由音樂廳步行到市府，都被示威群眾擋住去路，大感不便，以致對示威群眾起不了同情。抵市府後，得獎人夫婦被帶到一間王子廳，舉行一項儀式，各相關國家使節向瑞典王室介紹得獎人夫婦。當年出席的使節只有美國大使，因爲得獎者都是美國人。該項儀式與其他的諾獎活動一樣，刻意安排成比較隨意的模樣。得獎人夫婦在王子廳一側排成一列接待歡迎線，國王在王后及王室其他成員簇擁下進來，沿著歡迎行列，悠閒地透過大使逐一介紹各位得獎人，會話簡短、友善、非官式。

儀式一結束，國王及王后領頭，大家成雙成對步下一道漂亮的扶梯進入黃金廳，廳中燈火通明。晚宴的主要節目是敬酒，先是諾貝爾基金會會長向國王敬酒，其次是國王舉杯敬已故的諾貝爾。晚宴結束前，諾貝爾基金會一位代表以英語向得獎人簡短致詞，然後邀請得獎人逐一致答詞，弗利曼表示是向已經微醺的觀眾發表三分鐘以內的致詞，他的主要談話內容全文如下：

「我所專攻的學科，晚近才成爲科學的一支；而爲紀念諾貝爾先生所頒發的經濟學獎，則是一九六八年瑞典中央銀行爲慶祝成立三百週年才開始設立的。我必須承認，這樣的背景確實帶給我一些利益衝突。因爲，各位可能知道，根據我在貨幣理論方面的研究結果，我認爲由電腦取代中央銀行的功能反而更好，只需在電腦上設定貨幣數量能有穩定的成長率即可。不過對我個人以及一小批被精挑細選的經濟學家同僚來說，值得慶幸的是，我的研究結論未被採納——否則今天就沒有瑞典中央銀行來捐資設立此刻本人有幸榮獲的獎項了。也許從這裡可以引申出：塞翁失馬，焉知非福？我不知道自己是否眞的如此，但是我想有些經濟學者可能是這樣的。

獲獎的心情雖然愉快，但我必須承認，在過去的八個禮拜中，我深刻體會到天下不只沒有白吃的午餐，也沒有白拿的獎。由於諾貝爾獎是全球矚目的殊榮，因此一經公布，得獎人就立刻成爲各種疑難雜症的專家，吸引全球各雜誌、電視臺的採訪記者及攝影人員蜂擁而至。我被問到的問題可以說是包羅萬象，從如何治療普通的感冒，到甘迺迪總統親筆簽名信函的市價如何。受到這樣的關注，固然令人受寵若驚，但也難免導致自滿之心。我認爲以專業之外的事情干擾諾貝爾獎得主，固然亟需痛下針砭，但我們這些桂冠得主對過度自我膨脹也應有所戒愼恐懼。我就自己的專業領域所開出的解藥是，設立更多這類的獎項。不過，想要取代像諾貝爾獎這麼成功的產品，恐怕並非易事。也因此，我想我們這些人的自我膨脹，可能還會持續相當長的時間吧！」

由這個講詞更可印證出弗利曼的率眞，而其對政府獨占貨幣的反對及憂心，與奧國學派學者完全相同。他對經濟學家得諾貝爾獎後，會膨脹自己的憂慮與兩年前（一九七四年）海耶克在獲獎晚宴的說詞幾乎相同。

最後一天，在斯德哥爾摩經濟學院用過午餐之後，弗利曼發表諾貝爾演說，原本擔心可能會有另一場示威抗議。雖有戒護和安全人員一直待在身邊，但大學無法做嚴密安全措施，而且當時那裡一直有各式各樣的示威抗議活動。事實證明憂慮是無稽的，一切平靜，只有經濟學家出席且是屬於學術性質。演講室坐滿了人，每個人都爲聽弗利曼的演說而來。弗利曼的講詞是本書第三章提過的「通貨膨脹與失業」，將菲利浦曲線的三階段演進，由負斜率的抵換到「適應預期」的垂直線，直到極可能是正斜率的菲利浦曲線。

弗利曼還提到這屆諾貝爾獎的一段趣事：當時的美國總統當選人卡特決定打電話

給一九七六年所有的諾貝爾獎得主，向他們道賀。他要祕書打電話給弗利曼，但祕書卻打給另一位同名同姓的弗利曼，那是曾當福特總統的講稿撰稿人，在農業部有終身職，正在休假。那位弗利曼聽到總統當選人打電話給他，心想好運臨頭，以為新政府有職位給他。很遺憾，只是同名同姓之誤。卡特的祕書最後在佛蒙特州找到弗利曼，兩個人見了面且談得很愉快，不過，那是弗利曼唯一一次和卡特的直接接觸。此外，弗利曼在一九八五年三月二十一日應聖安東尼奧三一大學之邀，演講「我成為經濟學者的演化之路」，最終提到「從整體來看，諾貝爾獎是否有什麼正面效果，我個人一直極為存疑」，可見他並不太認同諾貝爾獎呢！

弗利曼的得獎之拖延數年和宣布獲獎時受到空前的異議及抗議，主因是弗利曼幫智利軍政府進行經改，被認為助紂為虐，究竟實情如何，由弗利曼的智利行可獲知眞相實情。

二、智利的經改

一九五五—一九六四年，在美國國際開發總署經費贊助下，芝加哥大學經濟學系與智利天主教大學簽署一項交流協定，提供獎學金給智利青年到芝大唸書，並且派人到智利協助他們改進經濟學系的水準。芝大派人到智利就申請獎學金的候選人進行面試，許多高素質的研究生因而到芝大就學。芝大教授哈伯格是參與此項交流計畫的主要人物，他能說流利的西班牙語，自一九五五年起，三次前往智利，娶了位智利籍太太，可說是智利留學生，乃至其他拉丁美洲國家留學生的大家長。

弗利曼與這項交流計畫的關係是，在芝大開了一門全體研究生必修的經濟理論基礎課程，以及主持貨幣金融工作室，有一些智利學生參加此一工作室。

一九七〇年，阿彥德（Salvador Allende）在左翼政黨協力支持下當選總統，他用盡辦法把智利改造為一個共產主義國家。共產陣營領袖的蘇聯，特別歡迎阿彥德政權，因為它是經由合法民主程序所產生的政府。一九七〇—七三年，智利成為國際注意的焦點，不是因它有個馬克思主義政府，而是因它有個自由選舉而產生的馬克思主義政府。一九七三年九月，經歷不斷的社會動亂和民眾抗議後，智利軍方在皮諾契特（Augusto Pinochet）將軍領導下推翻阿彥德政府。在莫斯科示意下，世界共產主義運動發動一場宣傳攻勢，意欲推翻軍人執政團，以恢復使智利陷入大亂的馬列主義領導體制。共產黨一如往常，在西方所謂的「進步勢力」裡找到盟友，包括媒體界和沒腦筋、只會自動反射反應的人士，以及美國國會內有影響力的成員。

「芝加哥小子」

由芝大回國的智利留學生開始「推動自由市場經濟」，作爲脫離智利經濟停滯困境的出路。一九七二年底，阿彥德的政策已將智利經濟推到幾乎崩潰的邊緣，這些留學生開始研究一個經濟復甦計畫，到軍事政變時，他們已擬具一八九頁的診斷及建議草案，交給軍政府（必須一提的是，這些學生幾乎是智利獨獨不曾參與阿彥德政府或贊同阿彥德政府的經濟學家。）

頭一年半，軍政府沒太理會這些建議，他們派軍人負責補救阿彥德造成的傷害，但沒什麼效果。一九七五年，智利的通貨膨脹居高不下，世界不景氣，更雪上加霜，觸發智利大蕭條。皮諾契特將軍只好求助於芝大訓練的這批留學生，指派若干人進入政府。這批經濟學家被稱爲「芝加哥小子（或少年）」（the Chicago Boys）。

就在這個時候，弗利曼與智利有了唯一的直接瓜葛，哈伯格教授邀弗利曼陪他到智利參加爲期一星期的研討會及公眾演說，該行程由智利希波提開洛銀行（Bank Hiptecario）資助，同行的還有一位芝大博士藍戈尼（Carlos Langoni），他曾積極參與巴西的經濟改革。

研討會的安排，一方面是要使弗利曼他們明白智利的實際狀況，另一方面是要他們傳遞出初步的觀察心得。透過研討會，弗利曼他們可以認識政府官員、民間代表及軍方代表。透過公開演講，民眾可以知道弗利曼他們對當時情勢的詮釋，以及他們建議採取的措施。

弗利曼他們很快就發現問題的關鍵是通貨膨脹，弗利曼和民間代表討論時做了筆記，這麼寫著：「討論時一再出現的一個主題是：通貨膨脹對民間部門的運作，造成了極大的困難。我問了許多人，問他們要花多少時間來處理那些與高通膨、高通膨變動率直接相關的問題。當然許多人會誇大其詞，但是答案是從來不低於所有時間的百分之二十，甚至有人說要花掉百分之九十的時間。」

弗利曼他們也和皮諾契特將軍見了面，這也使日後抨擊弗利曼是皮諾契特私人顧問的人士，有些微把柄可抓，且振振有辭。弗利曼的筆記如此記載：「在一場約三刻鐘、還得透過翻譯員溝通的會晤，很難了解這個人的個性。他非常有興趣了解我們對智利趨勢的看法……他對『震盪療法』（Shock Treatment）的構想似乎頗有興趣，可是對於可能引起的失業率攀高情況，又明顯感到憂慮。除此之外，他倒很少表露他本人或政府的感受，但是他一再強調要我在訪問智利結束後，把我的判斷寫下來交給他。」弗利曼他們回到芝加哥之後，把考察意見提供給皮諾契特。

弗利曼相信「芝加哥小子」業已獲致結論，要終結通貨膨脹並替經濟復甦奠定基礎，必須採用震盪療法。而且由於政府大量印發鈔票，彌補政府赤字正是通貨膨脹的主因，因此關鍵就在於大幅削減政府支出。弗利曼他們的角色就是核對他們的結論，給予背書，並協力把建議推銷給民眾和軍事執政團。

弗利曼他們三位專家參加了許多場類似研討會的會議，也都公開發表演說。在對天主教大學及智利大學學生演講時，弗利曼脫離所有其他有關通貨膨脹的演說主題，談起自由的脆弱，強調自由社會的稀罕，以及福利國家出現後對自由社會的破壞。弗利曼講述的主題是：智利當時的困難乃是幾近四十年的集體主義、社會主義和福利國家走向所致。這一條路線自始只有弊、沒有利，而且將導致高壓統治，而非自由。由智利聽眾的反應，弗利曼認爲那還是他們聞所未聞、全新的論點，學生們聽到該種論調，充滿了震撼。

六天的訪問以及弗利曼的教授身分，產生了始料未及的後果，且在之後十年間與弗利曼糾纏不已。在弗利曼所到之處，往往有針對他而發動的有組織抗議，最大規模的一次抗議就是上文提過的一九七六年弗利曼在瑞典領取諾貝爾獎時的五千人抗議場面。弗利曼被安上的罪名是涉嫌「替主管智利經濟……的一群經濟學家擔任知識建築師及非正式顧問」。弗利曼表示，「說我能夠由芝大的辦公室遙控智利的經濟，對於這樣的指控，我實在不知該笑，還是煩惱。」

弗利曼回憶說，兩件事掀開了圍剿他的運動序幕，而且幾乎同時發生。一是《紐約時報》一九七五年九月二十一日出現一篇報導，稱弗利曼是智利「軍事執政團經濟政策的導引明燈」，接著該報專欄作家劉易士（Anthony Lewis）在一九七五年十月二日跟進，提到美國的責任中有一個重要的領域：

「是經濟。智利軍事執政團的經濟政策是以美國保守派經濟學家弗利曼，及其芝加哥學派思想為基礎。弗利曼本人曾親訪聖地牙哥，據信曾向軍事執政團建議以嚴峻政策終止通貨膨脹。

這些政策，依循芝加哥學派的理論，就是削減公共支出、抑制貨幣擴張，以及出售公有財產。假如貧富差距因而擴大，就弗利曼的觀念，反而會有增加投資，進而促進經濟成長的效果。

當然，任何一個政治或經濟理論都可能被人曲解誤用。但是如果純粹芝加哥學派經濟理論在智利實施，必須以高壓統治爲代價，它的作者是否應該負起某種責任。我們對於學界扮演的社會角色，不免心有所危。」

弗利曼認爲，這段話隱含的假設是，還有其他經濟理論可以避開高壓統治來付諸實施。新聞記者如果負責任，是否也該把這個替代辦法講出來？

二是芝大學生報紙《芝加哥鞭炮》（*Chicago Maroon*）在一九七五年十月三日的頭版，以「激進派計畫向弗利曼抗議：哈伯格也被控參與其事」的大標題報導：

「校園及區域性的左翼團體，在斯巴達克斯青年同盟（Spartacus Youth League）芝大分會的發起下，發起一個聯合陣線，抗議芝大教授弗利曼和哈伯格涉入智利軍事執政團的決策定計。

聯合陣線的正式名稱叫做『反弗利曼及哈伯格勾結智利軍事執政團委員會』，它號召群眾，今天將在行政大樓前的四方庭院舉行抗議示威活動。」

印刷精美的海報宣示：「透過抗議與揭發，把弗利曼趕出校園。」《芝加哥鞭炮》要弗利曼針對斯巴達克斯青年同盟的指控做回應。弗利曼同意他們在十月三日同一期上，刊出弗利曼在七月間針對某位未透露姓名的教授嚴詞批評弗利曼的信件所撰寫的回函，做爲回應。該封信函經《華爾街日報》於一九七五年十月二十七日轉載。

大約十天之後，芝大學生政府駁回譴責哈伯格和弗利曼的一項提案。稍後，學生政府又於十月二十七日成立「弗利曼和哈伯格事件調查委員會」，但當時芝大校長威爾森（John Wilson）立即予以譴責，聲息乃逐漸停止。

聯合陣線策劃的抗議活動的確很煩人，他們在弗利曼住的公寓前舉抗議牌子走來走去，雖然它們並不是很嚴重，不過，這類的抗議活動持續了五、六年。

除了有組織的抗議外，報紙，期刊也出現抗議文章。一九七六年一月《商業周刊》的〈智利經濟沉疴的猛藥〉這篇討論智利局勢的長文，本體上猛批弗利曼和哈伯格，而且指控他們與中央情報局有「令人不安的親密關係」。一九七六年八月，阿彥德政府的智利駐美大使、外交部長列特里爾（Orlando Letelier）在《國家》（*The Nation*）雜誌上發表〈經濟自由的可怕代價〉一文，發表不久後就在華府遭到暗殺，掀起大風波及醜聞，他也立刻成爲烈士，文章也被許多刊物轉載。

弗利曼認爲他至少還提出了個替代方案，此即阿彥德政權企圖建立的中央計畫經濟體制。弗利曼覺得英、法、德、加拿大及其他國家出現的類似文章和社論，都沒有這種風度。照它們的說法，暗示著弗利曼他們的做法卑鄙、下流、不人道，還好的是，沒到公開叫罵程度。弗利曼他們被描繪成法西斯主義軍事執政團的支持者，這個執政團是以拷打虐待人民爲樂。大家似乎理所當然的以爲還有另外一套較好的辦法，可是從來沒人提出另一套辦法出來。

弗利曼認爲，文章攻訐沒根沒據，示威抗議也是別有用心。有一次弗利曼在舊金山共和俱樂部演講，場外有人示威抗議。會後，弗利曼在街上撿到一張弄皺的傳單，號召出席反弗利曼的抗議活動，傳單留著空格，隨時可以填入約定時間和地點。在其他的示威場合，弗利曼他們發現不只牌子上的字眼一模一樣，還看到一些面孔曾經出現在康乃爾、芝加哥和聖地牙哥。弗利曼他們得到的結論是：針對皮諾契特政權，有一個世界性的抗議組織，而弗利曼他們已成這個團體的抗議標的。

弗利曼表示，他最氣惱的是許多學界人士的怯懦畏縮。虔誠的社會主義者或共產主義者是一回事，其他學界人士則是另一回事。不過，還是有特殊的人士，弗利曼指出，曾在芝大讀書、任教，已轉到哈佛教書的葛里克（Zvi Griliches, 1930～1999）數度投書給哈佛學生報《深紅》（*Crimson*）替弗利曼仗義執言。但絕大多數學界人士閃避，即使沒有公開譴責弗利曼，也只想站在「正確」，也就是「進步」的一邊。

十多年後，弗利曼從中國訪問後回美，存著惡作劇心態，投書到《史丹佛日報》（*Stanford Daily*），挑明了他剛由中國這個比智利更高壓統治的國家回來，他也對中共領導階層提出相同於智利的建議，他問說是否也應該準備接受同樣的抗議？如果不該，原因何在？關於弗利曼訪問共產中國一事，下節再做較詳細描述。

哈伯格教授雖然也遭受到抗議的困擾，但沒有弗利曼那樣的頻繁。羅塞特（Claudia Rosett）說：「芝加哥小子經常被描述成弗利曼的學生、信徒，但是弗利曼對他們任何一人都不熟，對芝加哥小子在智利的所作所爲，直接影響不大。他們眞正的導師是哈伯格……他自一九五五年起就經常訪問智利。」弗利曼完全認同羅塞特的說法，他承認芝加哥小子們大多數修過他的課，少數參加貨幣金融工作室，但哈伯格跟他們的關係密切多多。

弗利曼自認之所以被盯上，是因他與高華德、尼克森的關係，弗利曼在《新聞週刊》寫專欄，以及他是諾貝爾經濟學獎得主，都使他在一般大眾中的知名度較高，因此是個比較有用的目標。

一九七六年十月十四日諾貝爾經濟學獎得主公布，使爭論又上升到新的水平。觸發爭論的是《紐約時報》在十月十四日當天刊載的兩封信，批評這項決定。兩封信都來自麻薩諸塞州劍橋，各有兩位諾貝爾獎得主署名。第一封是曾獲醫學獎的巴爾的摩（David Baltimore）和盧立亞（S. E. Luria），第二封則是曾獲醫學獎的華德（George Wald）和曾獲化學獎及和平獎兩項殊榮的鮑林（Linus Pauling）。四位忙碌的科學家在諾貝爾經濟學獎得主公布之後數小時，就主動結合起來，投書給《紐約時報》，弗利曼懷疑幕後一定有黑手。

一九七六年十二月十日，也就是弗利曼在斯德哥爾摩領取諾貝爾獎當天，《華爾街日報》社論〈諾貝爾及抹黑〉的結語是：「把保守派經濟學的一位強而有力的代言人，當作祕密的法西斯黨徒幹掉，這種可能性固然微乎其微，但我們可以看到，即使是諾貝爾獎得主也可能躺在刺客槍下。有這麼強大的力量在運作，有關弗利曼先生的傳聞，在許多人心目中一定難以抹除。但是任何稍花時間去了解眞相的人，應該認得出這種抹黑伎倆，與當年麥卡錫主義下抹黑左派的手法如出一轍。」

如上文提過的，諾貝爾頒獎典禮也受到波及，會場中有一個人鬧場，會場外一連數天有大小規模的示威活動。

弗利曼是不看《紐約時報》的，因而這四位諾貝爾獎得主的投書出現時，他沒看到，但其友人和敵人的討論，使弗利曼立刻注意到它們。數個月之後的一九七七年五月二十二日，《紐約時報》以〈弗利曼、智利軍事執政團及他們的關係種種〉爲題，刊載後續發展。其中包括弗利曼寫給四位簽署人的信，其中兩位回答弗利曼的信，以及弗利曼的回應。在那段期間，《華爾街日報》跳出來替弗利曼講話，弗利曼也不斷收到來信，有謾罵、有支持，前者還多於後者。

示威抗議並沒有隨諾貝爾獎頒獎活動結束而告一段落。一九七七年九月，弗利曼在康乃爾大學演講，斯巴達克斯青年同盟的示威特別強勁，而年輕美國人支持自由協會也同時舉行反示威，予以反制。一九七七年十一月，弗利曼在舊金山共和俱樂部，以「自由派的麥卡錫主義」爲題演說，弗利曼以自身經驗爲例，討論到人們對左翼獨裁政權及右翼獨裁政權施以不同的標準，場外也有小型抗議活動。

一九七七年美國經濟學會召開年會，並舉辦一場餐會，恭喜弗利曼榮獲諾貝爾獎，場外同樣有示威抗議，弗利曼夫婦必須由廚房進入會場。

除了諾貝爾領獎時的示威規模大之外，其他的抗議活動規模都不大，最多只有幾十個狂熱分子參加。在所有場合，聽眾人數都大大超過抗議者，而且聽眾一致站在弗利曼這邊。他在史丹佛演講時的氣氛，可藉一段報紙報導來了解：「雖然場外大約十來位和平的抗議者舉著標語、喊口號，場內也有一小撮人對他的演講開汽水，弗利曼週四晚間在史丹佛校園對一群熱情聽眾發表演講，人數在一千一百名以上。」

智利的「震盪治療」效果

智利放緩貨幣成長的初步效應是經濟陷入不景氣，這是爲終止通貨膨脹幾乎無可避免的，也是弗利曼他們在智利演講時曾預測的。在一九八一至一九八二年時的美國，也曾發生類似的情況，當時聯邦準備理事會主席伏爾克（Paul Volcker）爲終止一九七〇年代經濟停滯加上通貨膨脹的現象，在雷根總統支持下採取抑制通膨的策略，接著當人們開始習於較低的物價上漲率，經濟成長就可恢復。在智利，一九七五年是最嚴重不景氣的一年，國內生產毛額（GDP）年增率是負百分之十三，到年底，物價上漲率已減半，經濟好轉，GDP年增率轉爲正百分之三，其後五年是快速改善年，GDP年增率平均每年都有百分之七點五。

對於智利發展的反應，正反見解很不同。一九七八年，有位觀察家訪問智利後撰文說：「阿彥德時代，我接到一封智利來信說：『我們已經無以爲繼，誰能救我們脫離苦海？』我們最近在智利的見聞，讓我們對民營企業制度信心大增。在被稱爲『芝加哥小子』或『弗利曼小子』的指導下，智利經濟有了美妙的好轉。」幾乎與此同時，《底特律自由新聞》（*Detroit Free Press*）有位專欄作家也剛訪問過智利，寫說：「智利實施的經濟哲學，造就公共教育、衛生及社會計畫的嚴重破壞，政府對經濟完全失控。人們所付出的代價就是文盲上升、衛生出問題、落後、壓抑。」究竟誰的觀察正確？眞相究竟如何？可說見仁見智。

到一九八一年，負面評價大致消失了，智利被普遍認定爲締造了經濟奇蹟。在智利國內，民眾對皮諾契特政府的修憲複決，投下決定性的多數票，以示支持之意。不過，好景不長，在通貨膨脹快速下降、經濟成長上升的氛圍下，智利當局一九七九年決定把智利披索的匯率釘住美元連動。當時美國的通貨膨脹率略高於百分之十，就美國而言，已經相當高，就智利來說卻相當低。實施聯繫匯率，智利當局希望使智利通貨膨脹率降到與美國一樣高。不料，由於雷根總統一九八一年實施的經濟政策，使美國的通膨率大幅下降，導致美元巨幅升值，聯繫匯率制對智利帶來沉重的通膨壓力，造成經濟嚴重不景氣。一九八二年GDP下降百分之十三，一九八三年又跌了百分之三點五，聯繫匯率制的倡議人財政部長卡斯楚（Sergio de Castro）在一九八二年四月下臺，聯繫匯率制於同年八月取消。

針對智利的發展，各界也迅速發表評論。文章中不再讚揚經濟奇蹟，當時的標題是「流產的經濟實驗」、「弗利曼思想在智利亂局並無錯誤」、「智利出了什麼差錯」。

聯繫匯率制取消，匯率允許自動調整，實質成長旋即恢復。嚴重的不景氣留下創痕，因此一九八八年十月皮諾契特政府在公民投票下，嘗到與一九八〇年截然不同的成績。這一次，民眾摒棄皮諾契特的獨裁統治。令許多批評智利人士意外的是，皮諾契特將軍接受人民的裁決，安排於一九八九年十二月進行總統選舉，選出阿爾文（Patricio Alwyn）爲總統。新政府大體上蕭規曹隨，維持皮諾契特政府的自由市場經濟政策。

智利變革的評價

一九八二年一月，弗利曼在《新聞週刊》發表專欄文章，題目是〈自由市場與將軍〉，對智利的發展歸納出他的看法：智利挺幸運的，能由文人政府取代軍事獨裁統治。

魯易斯（Gumersindo Ruiz）在一九七七年針對智利局勢發表一篇文章，刊載於西班牙《前鋒報》（*Vanguardia*），結語是：「芝加哥經濟學派在替他們實施於智利的理論辯護時，唯有眞正的政治自由（允許工會、政黨活動），以及自由市場經濟在自由社會中健全運作，才是眞正的證明。」

智利在「芝加哥小子」掌握經濟權柄二十年後，可以看到這樣的證明。由一九七三至一九九五年，每人平均實質所得增加一倍半以上，通貨膨脹率由每年百分之五百降到百分之八，嬰兒死亡率由千分之六十六降為千分之十三，平均壽命由六十四歲上升到七十三歲。軍事執政團把政權交給自由選舉產生的政府之後，也恢復了真正的政治自由——的確是「自由市場經濟在自由社會中健全運作」。

二〇〇六年十二月十日國際人權日，殘害人權的智利前獨裁者皮諾契特，在當天因心臟病去世，享年九十一歲。死訊傳出，智利人反應兩極，曾遭其迫害的民眾，在智利首都多處舉辦慶祝活動；另一方面，也出現死忠支持者認為皮諾契特是智利的救星，因其讓國家免受共產主義荼毒。已過世的前英國首相、主導英國自由化政策的佘契爾夫人，當時也對皮諾契特的死亡表示十分難過。

就在皮諾契特過世的前一天，一份民調數據印證智利人對其矛盾的愛恨情結：受訪者中有四成五表示，皮諾契特是智利史上最偉大的統治者之一，應以國葬厚待之；但另外五成五的受訪民眾卻認為，國葬是對皮諾契特政權受害者的褻瀆。為何會有此種兩極化的反應?答案就在「經濟」。如上文提過的，皮諾契特在一九七三年九月十一日發動軍事政變，推翻左派政權，其在位的十七年間，致力推動市場自由化政策，締造了生氣蓬勃的經濟成長，讓智利迅速躍升為拉丁美洲最富足的國家。

不過，皮諾契特的獨裁形象深入人心，他踐踏智利民主傳統，被列為二十世紀拉美暴君的頭號人物，其政權暴行包括綁架、處決，以及祕密集中營裡昏天暗地的酷刑凌辱等。十七年間至少有三千一百九十七人因政治理由遭殺害、三萬多人被迫害、無數人遭非法禁錮，成千上萬人被迫流亡。

就是這種暴政波及弗利曼，不過，皮諾契特或因經濟改革而維持政權，但其下臺流亡海外，是否也是經濟發展導致人民有本錢爭取政治自由之故呢？

這其中隱含著一個重要問題：軍事高壓統治下，經濟自由可行嗎？縱使可行且獲致良好成效，會不會使軍政權的壽命延長、甚至更好，而剷除異己的恐怖行徑會更加嚴重？

這個問題的答案可在弗利曼的《資本主義與自由》第一章〈經濟自由和政治自由之間的關係〉中找到。自由經濟和民主政治結合的體制較能促進人民的福祉，若兩者無法並行，經濟自由較優先，之後會衝擊政治民主。此由智利和台灣由經濟自由過度到政治民主的事實得到印證。也是基於這種體認，弗利曼乃樂意向獨裁專制政權領導人推銷自由經濟理念並化為政策。除了對智利皮諾契特遊說外，弗利曼也對中國共產黨領導人做同樣的事情，我們接著談弗利曼的「中國行」。

三、弗利曼的三次中國行

弗利曼分別在一九八〇、一九八八和一九九三年到中國訪問，第一次是一九七八年底中國放權讓利經濟改革之後不久，第二次是六四天安門事件的前一年，第三次則是一九八九年六四事件之後四年。第一次是當中國政府的客人，另兩次都由著名的私人機構贊助。弗利曼表示，三次都是他生命中十分美好的經驗，也都讓他有機會展開一項前所未有的實驗，那就是將自由市場要素介紹給共黨統治的社會。他覺得幸運的是，安排的訪問行程讓他們能四處旅遊，更重要的是，他們透過翻譯和上自領導階層下至販夫走卒的中國人民談話。弗利曼自認不是中國專家，但有一個獨一無二的機會實地評述長久宣揚的理論，那就是自由市場的措施在推動繁榮及自由方面的功效。

在一九八〇年第一次訪問時，還沒有一個共黨國家轉換成較自由的社會，中國的實驗才剛剛起步，但有些結果已開始顯現，比較重要的是，它提供了評估未來發展的基礎。一九八八年第二次訪問，就是政治緊繃天安門事件爆發之前，弗利曼覺得那大概是中國實驗最有希望的時段，他重新審視這兩次訪問時所做的紀錄，讓人省悟到中國在一九八〇年到一九八八年間的變化是多麼地劇烈。中央委員會還是掌權，言論及媒體還是被嚴格控管，大部分的經濟還是直接由政府控制，但有限度開放的經濟自由還是改變了中國的面貌，弗利曼爲這深深肯定了他對自由市場威力的信心。

一九八八年的中國，不再是那一九八〇年讓弗利曼印象深刻又沮喪的死氣沉沉、服飾呆板、骯髒又陳腐的地方，街道上人們衣服的色彩及變化，正好呼應了空氣中傳遞的希望及期待，也是經濟方面企業發展及茁壯的明顯標誌。鄧小平早期的改革主要影響到農業，在農業產出及釋放人力到鄉鎮企業方面都有顯著的成果。到一九八八年，改革雖對國營企業還沒有顯著的影響，但已開始影響到城市。

一九八〇年小幅度的自由市場絕大部分都在食品方面，一九八八年除了食品外，衣服及日常用品等方面都出現了自由市場。在上海，有一家批發市場銷售鈕扣給生產成衣的小型私人企業。同樣地，許多村莊的收入由全部仰仗農業，轉變到大部分依賴當地小型製造業。知識分子也開放了，演講會上討論範圍較廣。但是，人們願意自由講話的意願還是不高。有位弗利曼一九八〇年在上海認識、後來有聯絡的教授，一九八八年時不願意到弗利曼住的旅館房間碰面，因爲他認爲房間內有竊聽器。不過，總括來說，弗利曼認爲比起一九八〇年，中國還是有顯著的進步。

接著發生天安門事件，中國就走了回頭路，但一九九三年弗利曼第三次訪問中國時，中國已克服天安門廣場的初期影響，經濟再度蓬勃發展。而政治情勢還是混沌不明，等待著可能來臨的鄧小平死亡後權力移轉，中國人民的言論比一九八八年又更加謹慎。

一九八〇年之行，弗利曼第一次訪問中國是美中學術交流會主導，一九八〇年九月二十二日到達北京，十月十二日由廣州經新加坡返美，爲期三週，期間還到長春、上海、桂林。弗利曼對這次訪問做了摘要：就知識氣氛來說，弗利曼一開始確實驚訝求知氣氛的開放，發問範圍廣泛，願意接受並提出對社會主義的批評，但弗利曼很快發現那是表象、不眞實的。

最值得一提的是，弗利曼一九八八年第二次中國行與當時的總書記趙紫陽對談，長達兩小時的兩人談話頗不尋常，因爲趙紫陽見訪客時間約半小時，而且會談結束後，趙親自送弗利曼出來並容許拍照，這是史無前例的。弗利曼覺得會談本身很有意義，弗利曼一直相信，經濟的概念是與生俱來的，不是學來的，許多極聰明甚至受過訓練的專業經濟學家，雖然懂經濟學，但無法體會其中奧祕。而有些沒有受過什麼經濟學教育的人，反而對它很有概念，能得其精髓，趙紫陽給弗利曼的印象就屬於後者。趙對經濟情勢、市場運作的了解，在弗利曼看來是十分深入廣泛，更重要的是，趙認為重大改變確有必要，並表示出對改變的開放態度。

趙紫陽先將他所看到的中國經濟情勢、面臨的問題，以及他想要採取的解決方法，以條理分明、簡單易懂的方式加以說明。他說的重要之處是：「本黨十三次代表大會，確定我們經濟運行的機制是，國家調控市場，市場引導企業。」弗利曼認為，「這是不可能的，因為國家是由上到下組成的，而市場是由下面開始運作的，這兩套系統不可能相提並論。國家可以控管到部分的經濟及市場，但趙所談的組合是不可行的。」

弗利曼他們在上海會見江澤民時，以及五年後他接替趙，他們在北京再見到他時，也聽到類似的說法，但其中確有很大的差異。趙紫陽接下來的談話，以及他回應弗利曼的話都顯示出，他知道這兩個機制在先天上是有矛盾存在的，而江澤民卻沒有這種認識。趙紫陽真正了解開放市場的意義何在，江澤民則未必。

沒有人能夠否認趙紫陽是個共產黨員，他也不是要以總書記的身分來顛覆共產黨。他是真的相信妥善利用市場機能可以促進經濟成長。增加共產的權力及穩定，不是要讓黨細密的控制經濟發展，而是要去促進人民的福祉及繁榮。弗利曼不同意趙紫陽的理念，但弗利曼絕不懷疑他的誠意。

弗利曼後來發現他們會談之所以特別的部分原因，是趙紫陽陷入嚴重的困境中。

趙是經改八年來解除價格管制最主要的擁護者，也對經濟擴展方案給予熱烈支持。當中國銀行爲了應對擴展，發行過多貨幣，從而導致通貨膨脹後，趙受到指責並被嚴厲批判在市場改革走過了頭，其實市場改革是降低而非增加通膨壓力。在該年夏天共黨高層會議後，兩大派系已然形成，一是以趙爲首的加速改革派，一是以李鵬爲首的停止或暫停改革派，謠傳說趙已失勢。

弗利曼和趙紫陽的會面，由於有《人民日報》人員出席，讓趙有機會公開他的想法，還讓外界知道他還在掌權。趙紫陽仔細準備會談的開場白，主要不是爲弗利曼，而是爲了廣大的中國民眾，以及爲即將召開、討論相同問題的高峰會議暖身。弗利曼覺得會談最後的一些結語聽起來像是夜行人吹口哨，爲自己壯膽而已：「我們的方向不會改變」、「香港的報紙……認爲中國領導階層發生分歧，事實並非如此。」

兩人的會談在中國報紙上吸引了很大注意，在香港也一樣。趙送弗利曼離開的照片被登出來。事情的眞相一直到八個月後天安門事件才浮現出來，雖然該段期間，趙的權力已逐漸被移轉到李鵬。事件爆發後，趙非常清楚不鎭壓會失去權力，但仍然拒絕對示威者給予強力鎭壓。當他和李鵬直接走出來在天安門廣場和學生講話時，很感性的說，將不會再見到大家了。聽到趙最後講話的弗利曼中國朋友，許多人當場掉下了眼淚。在領導階層同意用武力鎭壓後，趙紫陽被軟禁在家直到去世。

中共領導階層試圖將天安門事件的導火線歸於趙紫陽將市場自由化及使市場大幅開放的政策，弗利曼也常在報導上被引述爲對趙有不良的影響。這對弗利曼沒有影響，但在趙身邊的人就沒那麼幸運了。

一九八九年六四天安門事件是學生爭民主自由的運動，其實是符合弗利曼的「經濟自由先行」，接著會出現政治自由的理念，並衝擊現有舊體制而出現抗爭運動，終而走入自由民主體制、這在智利和台灣都成功實現了。如果趙紫陽在天安門廣場見抗議學生時，能夠勇敢的站在學生這一邊，共同呼求自由民主，在現場眾多國際媒體的見證和報導及傳播下，或許血腥鎮壓不幸事件就不會發生，而共產專制解體，民主體制就會出現，可惜事情不是這麼發展，或許是趙紫陽受中共黨文化沉浸太久，無法拋開「共黨專政，由黨中央主導」這種中心思想，此由上文引述弗利曼的論評可見端倪，也可由一路陪伴弗利曼做一九八八年中國行，在場陪弗利曼與趙紫陽對談的張五常教授之評述得到印證。

張五常在一九八八年十月十二日發表的〈大同小異——評趙紫陽與佛利民（弗利曼）的歷史性會談〉，將兩人的言論水準評爲大同小異，而趙紫陽只中學畢業，弗利曼是名滿全球的大教授和諾貝爾經濟學獎得主，弗利曼說趙不但懂經濟，而且有深度。張五常在一九八九年一月二十六日發表的〈趙紫陽與佛利民（弗利曼）的對話〉

一文中，透露出弗利曼夫婦見過趙紫陽之後返美，就聯名寫了一封他們十多年來沒有寫過的「聖誕信」，寄給親友。那封信很長，其中大部分是關於中國之行。信中對趙的評述是這樣的：「對這個帶領中國走向較多地依靠市場運作的人，及其智慧，我們有極爲良好的印象。他對經濟問題有很深入的認識，而且有決心擴大市場的範圍，願意試驗與學習，虛心地聆聽他人的建議和意見，而在此同時，他又要維護共產黨的最高權力——要是他能成功的話，這是很妙的技巧了。」這已非常明確的透露出，弗利曼認爲在維護共黨最高權力下是不可能再進一步開放，而以該聖誕信作爲歷史檔案「存證」。

事實的演變印證弗利曼的先見之明，趙被削權、軟禁，所謂漸進式且以維護共黨最高權力的經改路線仍被執行，矛盾於焉產生，於是「體制性貪腐」及「後發劣勢」局面赤裸裸出現，著實令人遺憾！「六四學生運動」其實是實現在民主政治體制的一個轉捩契機，可惜趙紫陽迷信「（共黨）體制內改革」，不敢像兩年之後俄羅斯的葉爾欽一樣站在示威學生這一邊「登高一呼」，讓解放軍砲口轉向，卻讓坦克輾壓學生，自己也從此被軟禁至死，而中國的民主化終究功虧一簣！

「六四事件」血腥鎮壓激起全球對中國的經濟制裁，中國經濟陷入困境，由於兩種因素的作用，讓中國經濟在一九九三年弗利曼第三次造訪中國時，又感受到蓬勃發展，一是台商大舉西進，填補了資本的空缺，二是一九九二年法輪功開始在中國洪傳，其以「眞善忍」要求修習者凡事找自己，不怨天尤人，教人做好人，把「吃苦當成樂」，讓大量下崗失業者能平和過日，而在短期間就有近一億人學習法輪功，讓失業沒成爲問題，而法輪功學員勤勞不計較得失的工作心態，不但讓社會安定，生產力也提升。但到一九九九年由於法輪功傳布太快太廣，引發其他氣功門派的反彈、打壓，法輪功學員遭到莫名的欺壓、抓捕，學員們乃向公安部門反映並澄清，終而在一九九九年四月二十五日上萬法輪功學員「上訪」中南海。這批學員由中國各地自發前來，所用的請願方式異於一般，他們以寧靜祥和的心態，以及對政府和人民負責的態度，展開中國歷史上第一次完全和平的、大規模的、爲了「人權」的請願活動。

隊伍雖然很長，但很安靜，非常祥和，當時的國務院總理朱鎔基接見了法輪功請願代表，合理回應了申訴。二十分鐘內，法輪功學員們就秩序井然的解散返家，現場且清理乾淨，沒有留下一張紙屑，並將公安丟下的菸蒂撿走。

這種神奇的事讓當時在場的國際媒體如CNN等均指爲一九八九年天安門群眾事件後，中國第一次的大規模群眾請願活動，並一致肯定這場和平的上訪活動，且對中國的民主寄予厚望。許多外國政府領導人和觀察家們都認爲此一事件是令人敬佩的，它展示了人民申訴和政府回應的良好模式。可是，往後的發展卻令人詫異且深深痛惜和遺憾，因爲事件被反轉抹黑爲「上萬法輪功學員包圍中南海」。

中共在江澤民一聲令下，於該年七月二十日展開鋪天蓋地的「血腥鎮壓法輪功」，其殘酷程度千百倍於六四事件。原本誇下海口以爲傾舉國資源，在三個月內就可消滅法輪功，沒想到迄二〇二二年，二十多年來法輪功不但傳遍全世界，而且中國境內的法輪功修煉者也挺了過來，學員們靠著一股不懼怕流氓手段，也不屈服於邪惡的正信正念力量，心存善念向世人講眞相，使得中共的欺騙與謊言逐一被揭穿、敗露，更激發一波波的退出共產黨浪潮。

「六四事件」和「四二五中南海上訪」兩個事件都是「中國走向自由民主的契機」。第一次的民主契機就在趙紫陽拋不開共產黨桎梏下稍縱即逝，換來的是一片腥風血雨。第二次則在江澤民「私念、嫉妒、貪心」的一念之間風雲變色，「第二次的民主化契機」又被硬生生的扼殺，中國經濟在政府驅動型世紀大泡沫下瀕臨崩潰，中共極權專制的瓦解可說在旦夕之間。如果自由世界人士不受中共威逼利誘，反而能大力聲援中國人的反共爭自由人權，中國「民主」應可期待的。智利和台灣已經走在前頭了，也印證了弗利曼的理論，中國應也不會例外，畢竟中國人民已覺醒了啊！

第六章　弗利曼現象

一、絕不尋常的弗利曼現象

名聞全球的華裔產權名家、二〇〇六年被華爾街電訊——董事長爲一九九九年諾貝爾經濟學獎得主孟岱爾（Robert Mundell, 1932~2021）——針對全球著名學府二七九位經濟學教授（含四位諾貝爾經濟學獎得主）進行書面調查，評選出中國十大最具影響力經濟學家居首的張五常教授，熟識弗利曼二十多年，雖然不是弗利曼的學生，但熟識過弗利曼的著作、聽過弗利曼的課、做過弗利曼的同事，跟弗利曼辯論過很多次，知道弗利曼爲人的風度，對弗利曼表示衷心佩服。張五常自認是個沒偶像的人，但其治學態度卻以弗利曼爲典範，知道弗利曼舉足輕重的地位。

張五常表示，弗利曼最吸引他的是那種思想奔放、言行一致的氣節。他認爲自亞當·史密斯之後二百多年來，沒有一個維護私人利益與自由的學者，比弗利曼更具廣泛的吸引力。他在一九八八年陪弗利曼訪問中國、暢遊中國，並且陪弗利曼與趙紫陽對談，在興奮和疲勞交替中，得到另一種情懷，寫了好幾篇有感而發的文章描述弗利曼，本章就以其中三篇作爲「弗利曼現象」的內容。張五常在一九八八年六月十五日發表的〈弗利曼現象〉這篇文章，描述他對亦師亦友的弗利曼之觀察。他寫道：

從吸引廣大民眾那方面看，學術界中從來沒有出現過像弗利曼那樣的人。昔日的愛因斯坦，是個傳奇人物，也很受一般民眾歡迎。但他的理論深不可測，而演講的口才、技巧也沒有過人之處，其吸引力就打了折扣。英國的經濟學者凱因斯，在生時天資聰穎，才華洋溢而口才鋒利，是個大熱門的人物。但凱因斯在生時的廣泛吸引力，仍不及弗利曼。

張五常說：「這是一個弗利曼現象，是應該解釋的。」張五常認爲，弗利曼的經濟觀點頗具爭議性，但這不可能是他成爲一個現象的原因。任何創見都有爭議，而創見層出不窮的學者又何止弗利曼。那麼，弗利曼那種近乎神話的知名度從何而來呢？爲什麼要付高價去聽他一席話的人那麼多？就是大名鼎鼎的政客也沒有弗利曼的吸引力，而弗利曼畢竟只是一個忠於學術的學者。

「弗利曼現象」很不尋常，張五常說他認識弗利曼二十多年，從來沒見過弗利曼譁眾取寵。弗利曼辯論時從來不生氣，笑口常開。在書寫文字上，弗利曼算不上是天才(史蒂格勒曾告訴張五常，弗利曼曾痛下苦功才寫出後來暢順的文章)。對傳媒界，弗利曼大都避開。好朋友要求用他的名字做一些有意義的宣傳，他也照例推卻。在這方面張五常卻成功過一次。那是一九七九年，張五常要找一些知名度高的經濟學者聯名給香港的《信報》一封電報，恭賀該報的週年報慶，弗利曼竟然答應了。張五常感慨說：

「要求名的，求之不得；對聲名厭惡的，卻沒有辦法阻止名氣的直線上升！」

一九八五年，一位北京大學的學生給張五常一封長信，信內提到他每天不斷自修英語，爲的就是要閱讀弗利曼的文章。後來張五常在中國大陸與新交的朋友傾談中，發覺他們十之六、七都聽過弗利曼這個人。一九六〇年底，弗利曼在美國的宴會午餐上簡短地講一些話，酬金五千美元，而願意出價的機構卻數之不盡。

張五常表示弗利曼並不重視金錢的收入，但卻尊重以市價這個準則來獲取他的時間。張五常說弗利曼不重視金錢的收入，是有證據的：弗利曼花時間去閱讀別人的文章或坐聽他人的演講，遠超於張五常。時間的市場價是那麼高而還那樣做，雖難以解釋，但卻解釋了爲什麼弗利曼推卻了那麼多能賺錢的機會。例如，像張五常那樣相對無足輕重的學者，每次到哪一個地方演講，若弗利曼身在當地，必定是座上客，從不遲到，也不早退。

張五常說，不要以爲張五常有什麼特別之處。一九八八年九月弗利曼打算到上海去，請張五常安排行程。張五常計劃在該年九月十四日帶弗利曼到蘇州、無錫一帶觀光。弗利曼回信說，那一天香港的祈連活在上海演講，可否將行程改遲一天。弗利曼明知遲一天就要趕路，舟車勞頓，但爲了要聽祈連活演講，他就連蘇州行程也押後了。當時弗利曼早已退休，再不打算發表什麼偉論創見，但爲了要爭取知識，遊覽之樂就不顧了。張五常感嘆說：「這一點能耐，我們怎能不佩服呢？」

張五常又說：也不要以爲祈連活有什麼特別之處。香港的楊懷康寄給弗利曼一篇自己也認爲是平平無奇的文章，弗利曼讀後就親自回信。在一九八〇年到中國時，哪一位幹部款待過弗利曼，弗利曼就做下筆記，八年後的一九八八年，弗利曼還記得很清楚。弗利曼是不喜歡應酬、宴會的，但一到了宴會上，就談笑風生，有問必答，令人傾倒。是的，張五常下斷語：「弗利曼好奇，對知識的追求數十年如一日，願意付出很大的代價。」

一九八八年九月到中國後，弗利曼轉赴香港做一星期的訪問。聽到這個消息，香港的仰慕者就爭著要招待了。中文大學二十五週年校慶，請弗利曼演講，弗利曼欣然承諾；而中文大學將這難得的機會愼重安排，禮待賢能，大有古人之風。

當時張五常所在的香港大學那邊，沒有什麼校慶藉口，也沒有像中大邵逸夫堂那樣可以容納一千多名聽眾的大堂。於是張五常和祈連活、王于漸（他們在不久前開辦了一個很有意義的經濟研究中心，希望弗利曼捧捧場）徵求了弗利曼的同意後，就租用香港演藝學院的一個設備一流的大堂，在九月二十四日讓弗利曼做一次收費的演講。弗利曼的著名格言是「天下沒有白吃的午餐」，而以收費決定誰可進場，是自由市場的基本原則。張五常於是做這樣的決定：除了弗利曼太太外，任何聽眾（包括張五常在內）都要買票。弗利曼也同意把票房的收入全部捐作鼓勵經濟研究的基金，由香港大學的經濟學系和王于漸的經濟研究中心管核。

張五常不敢低估弗利曼的吸引力，把票價訂在二百至一千港幣。那應該是亞洲一帶的最高紀錄了。弗利曼果然名不虛傳。廣告尚未登出，門票就賣了四百多張。捐助二萬港幣或以上的可以作爲「贊助者」，當時就有十多個機構「贊助」。張五常讚說：「識英雄、重英雄——香港商人的確有一手！」

三個不同的觀感

張五常認爲，既然是一個現象，弗利曼當然讓人有一點神祕感，一點高深莫測。

但從三個不同的角度看弗利曼，其觀感也就不同。

第一個角度，是從弗利曼的同事和親近的學生那方面看。這些人知道弗利曼精通數學、統計學、歷史及經濟原理。就所有與經濟學有關的學問而言，他都是「大師級」。歷史上只出過三個這樣的人：費雪、凱因斯、弗利曼。這第一角度也可見，弗利曼的思想快如閃電，論事客觀，口才好得出奇，於是敬畏之心油然而生。

張五常強調，弗利曼的思想快得離譜，且清楚至極！就算辯論時自己錯了，但因爲推理層次分明，行雷閃電之間，臉帶笑容，毫不霸道，跟弗利曼辯論的人追不上，以爲自己是一敗塗地，要過了幾天，才知道論點還大可商榷。一些人不習慣見到弗利曼在笑談中，輕描淡寫地予取予求的本領，一開口就被逼下馬，不免懷恨在心。

張五常曾經和一些與弗利曼相熟的朋友談論弗利曼辯論的本領，大家一致認爲：如不親見就不會相信。史蒂格勒的思想也快得驚人，是弗利曼多年的最佳搭檔，他對弗利曼的評論是：弗利曼的思想速度比常人快了幾十倍，清楚得無以復加；唯一的缺點是，因爲太快，說服力就打了折扣。

第二個角度看弗利曼，是從不認識弗利曼的經濟學者那方面看。這些人之中，有深入地閱讀過弗利曼文章的，莫不衷心佩服。但因爲沒有見識過弗利曼的辯才，他們是敬而不畏。

一九四八至一九五七年這九年，弗利曼的經濟學著作成績輝煌，見解精闢，就是不同意的人也拍案叫絕。的確，弗利曼在這個時期的文章鋒芒畢露，只有帶著成見的人才不佩服。

張五常在一九六一年開始鑽研弗利曼那些較早期的作品，日夜匪懈，被弗利曼的分析深深吸引。雖然張五常曾找出弗利曼的錯誤，也有不同意的地方，但總覺得非讀之再三不可。一九六二年，張五常在灰色（不合法）的市場上買到了一份弗利曼的學生粗製的價格理論筆記講義，便天天放在衣袋中，翻閱得紙張都破爛了。張五常他現在用中文寫經濟分析的理論基礎，其中重要的一部分，就是從那本粗製的《弗利曼講義》得來的。

張五常認為不幸的是，有不少經濟學者（或學生）並不怎麼重視弗利曼在這個時期的作品。一九五八年之後，弗利曼的文章轉向貨幣政策及抨擊政府。有關政策的文章都帶有價值觀，見仁見智，不同意的人就不一定佩服了。

看弗利曼的第三個角度，是從行外的大眾看。弗利曼是一個傳奇人物，在《新聞周刊》寫過好幾年專欄，出版過幾本通俗的書（其中一本——《選擇的自由》——曾經是美國全年最暢銷的「非小說」的書），獲過諾貝爾獎，在電視上亮過相，而傳播媒介又喜歡將弗利曼大書特書。這一切，加上弗利曼的「自由」觀點清楚鮮明，就給人一個深刻的印象。

弗利曼這種黑白分明的印象，欣賞的人固然多若天上星，但破口大罵的倒也有不少。欣賞的人認爲弗利曼是自由的象徵，是維護個人利益的救世主；破口大罵的認爲弗利曼反對社會福利，是一個空想主義者，沒有眞正的學問本領。殊不知弗利曼在學問上的千錘百煉，經濟學界的高手是沒有一個不拜服的。

不變節談何容易

一九八八年，張五常在百忙中，知道弗利曼要到中國大陸，且要到香港，而且這可能是弗利曼最後一次到這一帶的行程，張五常乃不能自已，要千方百計地使弗利曼有一個愉快的旅程。祈連活、王于漸等人也有同樣的感受。那是爲什麼？爲甚麼他們要這樣隆重其事？有好幾個在學術上與弗利曼不相伯仲的經濟學者也可能會到香港來，張五常說他當然會盡地主之誼，但絕不會爲他們東奔西跑的。

張五常表示不能代表其他人說他們心中的話，但他自己的感受卻很清楚。弗利曼四十多年來言行一致，堅守自己從研究中所得到的信念，半句假話也不說。當然，這些是學者應有的風範，而張五常自己也盡可能那樣做，但做起來就不容易了。有了大名而還能堅守自己所信，在任何情形下不變節、不爲利誘、不懼權勢、不賣帳、不討好、不妥協，凡事以邏輯爲據，觀點鮮明，經濟學界是應該以弗利曼爲代表的。張五常認爲其他不像經濟學家那樣涉及權勢的學者，守節便容易得多。弗利曼之成爲一個現象，絕不是偶然的。

張五常說：「比起來，我自己的知名度相差太遠，也覺得難以堅持一個學者應有的氣質。外人看來似乎簡單易爲，但有多少個學者能眞正做到？籍籍無名的也行之不易，更何況一個因舉足輕重而擁有大量圖利機會的學者？但弗利曼是若無其事地做到了！不同意他的價值觀的人，怎可以將他破口大罵？這些人眞的是不知羞恥爲何物了。」

整整半個世紀，在自由選擇對抗政府管制的可歌可泣的那場大戰中，弗利曼帶頭領軍打了一仗。雖然他認爲自己毫無影響力，但到一九八〇年代末塵埃漸定，弗利曼勝得光采！美國雷根總統門下的謀士受了他的影響，八年中堅定地推行自由經濟；英國的佘契爾夫人從來不否認她是一個弗利曼的信徒；法國的總統拿著左旗向右走，蘇聯及東歐走資若渴，而中國大陸的私產化更是驚人。張五常認爲，這一切，將來的歷史學者是不會忽略弗利曼的影響力的。

假若我們說二十世紀的前三分二是凱因斯和馬克思的世界，那麼我們可以說二十世紀的後三分一是屬於弗利曼的！而在弗利曼的世界中，人民的生活是大有改進了。

張五常指出，訊息傳播的發達，使應該成名的學者比較容易成名。我們因此難以將弗利曼的知名度及吸引力與古人相比。假若我們一定要這樣分高下，以武斷的方法來衡量，那麼在歷史上可以考慮的就只有幾個人。在中國歷史上的學者、文學家中，可以拿出來較量的，張五常認爲只有蘇東坡。在一九八〇年代，張五常爲了做經濟調查研究，曾到中國大陸跑了很多次。發覺蘇東坡眞是可愛；蘇東坡在九百年前所到之處，現在紀念他的那些遺跡，可能眞中有假，但總是被當地居民津津樂道。

張五常認爲，蘇東坡與弗利曼相通之處，是言行一致，始終如一，左貶右貶後還是蘇東坡。令民眾有深刻印象的好形象，應該是一個屹立不變的形象。張五常認爲，這就是弗利曼現象！

二、張五常眼中的弗利曼

一九八八年九月二十四日晚，弗利曼在香港演藝學院的歌劇院演講，由張五常向聽眾引介弗利曼。他是這樣說的：

「二十年前，芝加哥大學的助理教授都像生活在愛麗絲的世界中：他們要越跑越快才能站在原來的地方。作爲其中之一人，我當時照例工作至深夜。

一天，已是凌晨，我帶著疲倦之身躺在床上，無意間見到隔鄰大廈的頂樓，有一個房間的燈光還在亮著。此後很多個深夜我也見到這孤寂的燈光。後來我知道那光是從弗利曼的書房透出來的，就不明白爲什麼一個超級明星的教授，竟然會比一個籍籍無名的新入行的人還用功。

對了，在半個世紀中，這個人求知若渴，不獲得答案誓不甘休；而一定是因爲這種毫不鬆懈的精神與天才的結合，才造成了我們今天晚上要爲之致敬的弗利曼現象。

密爾頓．弗利曼的維護私營企業與個人自由的形象，在我們之間，早已有口皆碑，而這個形象已傳播到世界上偏僻的地方。我認爲一個學院的教授能有這樣驚人的感染力，主要的原因可不是他曾經寫過大眾化的文章，而是弗利曼的學述著作有一種很特別的本質。

我沒有資格評論弗利曼在初出道時對統計學所做出過的貢獻，但當我在一九六二年初讀到他的《消費函數理論》時，我彷如觸電，驚覺到經濟學是一門以事實論證的科學。這本書是理論與事實結合的神來之筆，追隨著亨利．舒茲與歐文．費雪的偉大傳統，而又創造了一個新的科學研究的高水平。如果稍微誇張一點的話，我們可以說，假若沒有像這本在一九五七年發表的論文，經濟學可能不會在一九六九年被選爲足以頒發諾貝爾獎的科學。

一個人能例行公事地超越傳統的智慧來開發新的辯論，應該是上蒼特別賜與的才能吧。幾個例子可以說明這一點。一篇在一九五三年發表的關於〈實證經濟學〉的文章，觸發了一個持續了十年的方法論的辯論。到了今天，大學一年級經濟學的第一課，教授們都愛講述可以被推翻的假說的意義了。

一九四九年所發表的〈馬夏爾需求曲線〉，原是一篇關於經濟思想史的文章，但卻啓發了經濟學者對一般均衡理論有較深入的認識，也帶來了無數的關於榨取消費者盈餘的價格行爲的研究。

一些關於供給的課堂講義，不僅讓我們更清楚地理解成本的概念，甚至使『追求利潤』這個假設失卻了意義。一九五三年發表的闡釋浮動匯率的文章，間接地促成了二十年後布列頓森林制度的崩潰。

今天，工商管理學院對它們比較新的而又在市場大有價值的財務學感到很驕傲；但假若沒有弗利曼在一九四八年與薩維奇合著的《風險選擇的功用分析》，這門財務學恐怕不會創立吧。一九六八年所發表的〈自然失業率〉，成爲近十多年來『理性預期』理論的中流砥柱，造成了總體經濟學的勇敢新世界。當然，那一九五六年的〈貨幣數量學說的重述〉，是貨幣理論『反革命』的基本文獻，而這個衝擊，到下一個世紀還會有影響。

弗利曼自己曾經說過：一個理論的功用是不能以對或錯來衡量的；理論只能以它解釋現象的能力來衡量。同樣，要是我們評論弗利曼的觀點是對還是錯，或思想是否創新，那實在是貶低了他對經濟學的貢獻。他的眞正貢獻是啓發，是開導，是火花，是電擊。他不徵求我們的同意，卻迫使我們一想再想那些一向認爲是老生常談而不必費心的事。因此，弗利曼的著作永遠都要比他文字所能表達的意義大得多；凡是他接觸過的題材，我們就要轉到在不同的光下看。

我們或者可以說，馬夏爾是一個較偉大的理論天才，或說李嘉圖是一個驚人的模型建造者，或說史密斯是一個較有深度的哲學家。但說到挑戰與更改一個成見的本領，弗利曼卻是無出其右的。這一點，我認爲是這個人的『斤兩』所在。

對墨守成規的思想改變，有如斯巨力，就是街上的人也避不了他的感染。好幾次，弗利曼對我說，他對政府的經濟政策半點影響力也沒有。他是太客氣了。從美國到英國到法國到紐西蘭到日本到台灣——而現在又到了中國大陸——他的自由觀點使鐘鼓齊鳴。假若我們要說，本世紀開頭的三分之二是馬克思及凱因斯的世界，那麼我們也可以說後來的三分之一是屬於弗利曼的。

讓我將個人的賞心樂事與大家分享：近幾年來我收到很多中國大陸的青年的信，都表明他們對弗利曼的思想有所認識。假若這眞的是顯示中國知識分子的思想傾向，那麼在一九九七之後香港就沒有那麼可怕了。

如下的事情可能是人類命運的寫照：毛澤東只需三個月就將中國所有的農村改爲人民公社，但像弗利曼那樣才高八斗的經濟學者，加上他無數學生與同事的協助，竟然需要三十年才能更改一個信念——而且這個信念僅是基於空泛之辭。

這個長久等待的代價，雖然龐大至極，但可能還是値得的。這是因爲一個等了很久才冒出來的眞理，有屹立不倒的能耐。這正如弗利曼和他太太在《選擇的自由》的

〈前言〉中所說：

『假若一個人一夜之間被說服——或在十個『一小時』的晚上被說服——他不是真正被說服的。他可能在另一個晚上，被一個觀點相反的人改變了。唯一能說服你的人是你自己。你空閒時必須將問題放在腦子裡轉來轉去，考慮到很多論點，讓它們慢慢地蒸煮，經過一段長時間之後，才將你要選擇的確定下來。』

是的，我們相信弗利曼，不是因為他要我們相信（他從來沒有提出這個要求），也不是因為他不斷地闡釋（他確是這樣做），而是因為時間與經驗教訓了我們，使我們覺得他的觀點是對的。

我有好些中國朋友曾墨守成規地背誦馬克思與毛澤東的格言。現在，這些朋友對弗利曼的觀點開始辯論了。中國的希望——我們有理由相信這希望——是這樣的辯論能繼續下去。」

三、弗利曼夫婦的背影

張五常教授在一九八八年十月十六日寫了〈背影〉這篇文章，生動地描述了弗利曼和蘿絲平易近人非常溫暖的一面，很値得全文重述。張五常是這樣寫的：

「四年前聽説他心臟病復發，動了第二次的手術後，我就想到美國去看看他。兩年多前，我在三藩市作一次關於中國經改的演講，赫然見到他精神奕奕地坐在面前，不禁喜出望外，幾乎連講辭也忘記了。後來在酒會上把酒言歡，談話中他關心中國，我卻關心他的健康。

今年初，知道他——弗利曼——要在九月間到中國一行，也順道要來香港，便急不及待地給他一個電話，問有甚麼要我幫忙的。他說：『我答應了人家要在上海講一些話，此外其他一切，由你安排好了。』從那一天起，我就替他安排根本上難以照辦的事宜：按照他本人的意思，盡量減少應酬，但到後來應酬還是減少不了。

記得八年前，他太太的哥哥艾倫．達瑞克特對我的一個朋友說，假若我能親自辦一次中國之行，親自介紹中國的情況，他也希望能參與此行。艾倫是芝加哥經濟學派的首要人物，對我的影響很大，我怎會忘記他所說的呢？於是，三個月前，行程大致上安排好了，我打電話給艾倫，問他可否一起到中國去。回答說：『我老了（八十五歲），眼睛不行（近於失明），還能到甚麼地方去呢？但密爾頓（弗利曼）老當益壯，智力不減當年，他到中國後，回來可以把見聞告訴我嘛。』弗利曼已年高七十六，還是智力超凡，但比起二十多年前我所認識的他，不可同日而語。

我是在九月十一日趕到上海的。在希爾頓酒店放下行李後，找到弗利曼的房間號碼，接通了電話，他說：『史提芬，你馬上到我房間來，替我安排一個女孩子的事。』我跑到他的房間去，蘿絲（他的太太）赤腳相迎，他鄉遇故知，人生樂事也。房內這時坐著一個不知從哪裡來的中國女孩子，年紀二十歲出頭。弗利曼說：『她要聽我明天的演講，但沒有入場證，你有辦法替她安排一下嗎？』我打趣地答道：『占美（會議的主事人）給了我『安排』大權，你不用擔心！』

我與那年輕小姐交談之下，知道她是廈門大學的學生，正在翻譯弗利曼的作品；她拿著僅有的一百多元人民幣，勇氣十足地隻身從廈門搭火車到上海來。這樣有上進心的青年，是中國的希望，我怎可以漠視呢？於是，在會議時我安排了她坐在第一行的正中座位，替她與弗利曼一起拍了照，也堅持她要接受我給她回家的旅費。後來。弗利曼在復旦大學，遇到不少同樣在學問上求知若渴的青年，而我在社會科學院的兩天講話期間，所遇到的青年也是如此。難怪弗利曼說，中國的青年是中國未來的希望了。很不幸，其後在北京，他和我遇到兩位從政的青年，老氣橫秋，毫無禮貌，說話沒有分寸，不知天高地厚。弗利曼和我於是有所感歎：同樣是青年，只要一接近權勢，受到『黨』的垂青，就變得那樣不成氣候。

因爲我要在社會科學院作十多小時的產權理論的講述，在上海時我與弗利曼見面較少。但從九月十五日早上到二十九日他離開香港前，我們暢談的機會遠超過二十年前在芝加哥時——雖然那時他的辦公室在我的隔鄰。

從上海到南京的三天旅程，是由一位馬小姐領路和招呼的。旅伴還有兩位與我同來的香港朋友。蘇州等地方也派來了介紹地方情況的人。一行三部汽車中，我和弗利曼及蘿絲同車；討論中國的經改問題就在這個時候開始，日夕不斷。

離開上海的前夕，在汪前市長宴請的聚會中，我接到了北京朋友經香港轉來的一個電話口訊，說他們希望弗利曼在北京會見趙總書記時，能提交一份寫好的建議書。雖然弗利曼與我都知道書生之見無足輕重，但恐怕面談時講述得不夠清楚，翻譯也可能出錯，所以就決定執筆了。此後一連數夜，弗利曼在睡前起稿，日間在汽車上讀給我聽；我作了點反應，隔一天他又讀出新稿的內容。本來是賞心樂事的旅遊，也打算多看點路上的風光，但到後來還是被中國的經改問題佔了他絕大部份的時間。

從上海乘汽車到蘇州，約莫兩小時。抵蘇州近郊的昆山縣後，我們跟那裡的主事人談鄉鎮企業的發展；吃罷午餐，就去參觀當地的一間電子工廠，和工人的俱樂部。弗利曼很欣賞該縣的成績：在八年間居民的實質收入增加了兩倍半，總收入中由百分之九十以上是農產品變爲百分之九十是非農產品。他也很欣賞一些居民可以購買頗爲不錯的房子（大約三百多元人民幣一平方英尺）。但對居民不能到銀行貸款買房子，工廠的工人不容易解僱，以及廠長的選擇和解僱的準則等等問題，則大有質疑之處了。

九月十五日下午到蘇州，參觀了有名的拙政園，與當地的執政者晚宴，研討了一些問題。其中不敢苟同的是：在座有些幹部堅持中國的報章報導不可能出錯，而我們則認爲先進如美國的報章，報導常有錯漏，中國的又怎會萬無一失？爭論的起因，是一位幹部認爲資本家解僱工人可以隨心所欲。他舉出不久前在報章上看到的一個例子。某中外合資的酒店解僱一名工人，理由是，這工人上班時不穿制服，而制服呢，資方（酒店）既不供給而在市場上又是買不到的。我們認爲這故事不可靠：外資的經理人就是再蠢，也不會硬性地規定酒店工人要穿著當時無法得到的制服。

晚宴後，蘇州的市長到弗利曼的酒店房間座談。我問了一個問題：從城市財政收益那方面看，你（蘇州市長）認爲市政府從企業承包合約中抽取利潤的收入多，還是政府不管企業的行政，而以抽稅的辦法較好——即哪種辦法，政府的收入較多？他的回應，是抽稅對政府有利。我於是對弗利曼說，看來地方政府是不會反對鄉鎮企業的私產化的。

在蘇州，我們也參觀了個體户經營的成衣自由市場，陣容著實不錯。弗利曼很高興，認爲中國的進步是明顯的，比蘇聯及東歐的發展好得多。但他和蘿絲對中國的眞正改觀，還是後來到深圳一行之後的事。雖然他明白深圳的驚人進度有賴於北京當局對它的特別寬容，間接地輸了一點血，也更靠香港的協助，不過，他還是認爲：像深圳那樣的經濟奇蹟，是大有苗頭的經改效果。我對他說：『溫州、泉州、東莞、佛山等地區沒有深圳的高樓大廈，基本建設也見不得人，但你會更欣賞那些地區的發展。』蘿絲在旁聽著，說：『我們開始明白你對中國的判斷。』

從蘇州到無錫很順利，車行只不過一個多小時。在途中談中國，下車買點紅菱，時間很快地過去了。無錫街道清潔，給人的印象很好。午餐之宴是弗利曼與蘿絲認爲是這次中國大陸行程中最值得欣賞的。在那家位於鬧市、名爲『中國』的酒家裡，宴客的人顯然隆重其事，主人與酒家方面的招呼都體貼入微，禮貌周到，食桌上所有的大小器皿清潔而精緻，菜色既悅目也可口。

在午宴中，我們還是談及鄉鎮企業的事。無錫一帶是中國工業的一個重點發展區，宴請我們的人是管轄承包工業的主事人。在這裡，政府與工商業之間多設一個管轄機構，本應無可厚非，但我想，這個機構如果只可以分利潤，不可以抽稅，而稅制不改的話，那麼，在管轄上多了一個由於分利而非要多管一下不可的非私營機構，工業的前途就不能太樂觀了。

午餐後遊太湖，弗利曼還是和我談論中國的經濟問題，忽略了太湖的景色。但他在說，我在看。太湖果眞名不虛傳，島嶼縈迴，水天一色，氣象萬千，使我想起王勃的《滕王閣序》，也想起范仲淹的《岳陽樓記》。友人簡慶福在太湖所攝得的千帆並發的大場面作品，我會找一幀送給弗利曼的。

從太湖返賓館的途中，我們參觀了無錫街上的一個自由市場——凡與『自由』二字有關的，弗利曼都要看看。那裡的成衣自由市場跟蘇州的差不多，但當他看到個體户的攤子上掛著一張牌照時，就追問這牌照是怎樣得來的。所得的答案是：牌照難求；申請要證明是失業呀，找不到工作呀，或搞人事關係，在枱底下花一點錢等等，才能成事。後來在北京見到趙總書記時，也就提出了這個牌照的例子。

一位同行的朋友與弗利曼相識了幾天後，不覺有所感歎。他見弗利曼平易近人，笑口常開，往哪裡走都毫不介意，即使走在爛泥路上也若無其事，欣然而過的；而蘿絲用中國模式的廁所，竟然面不改容！諸如此類，夫婦倆從來不作怨言，又怎能不讚嘆呢？一位世界上如此知名的學者，德高望重，多國的元首也曾倒屣相迎的，怎會這樣平民化？招待我們的馬小姐，知道在中國大陸任何事前的安排都可能出錯，一路提心吊膽，但見到弗利曼夫婦對任何情況都談笑自若，攜著手東闖西闖，像好奇的小孩子般左問右問，也就由擔心而變得心悅誠服，對他倆產生了一種難以形容的尊敬。

我自己呢？對弗利曼是感佩的。正如後來在北京最後一晚的答謝宴上我所說的：他不是中國人，沒有欠中國甚麼；他早已名揚四海，對聲名厭惡，不可能從千山萬水外到中國來求名；他的時間一刻千金，曾出版過美國全年最暢銷的非小說的書，所以也不可能到中國大陸來求利。那是爲甚麼？答案只有一個：他對中國有點眞誠的關心。

從無錫到南京，我們是坐火車去的。因爲馬小姐要買軟席的車票，別無選擇，只好坐早晨七時零六分那班車去。後來知道賓館那個時刻不會有早餐供應，她慌忙在動身的前夕買了幾罐橙汁。而蘿絲則認爲日間買到的香蕉大有用場，大家也就處之泰然。

十七日六時起床，六時三十分離開賓館。進了火車站後，送行的朋友走了；而一位同來的朋友要回到上海飛香港，也道別了。於是，在車站上的鐵軌旁，我們這時只剩下五個人：弗利曼夫婦，馬小姐，我和另一位香港朋友。行李不少，沒有人協助，但還得走好幾百碼的路。火車還沒有來，我們不知道該向哪裡走去才是上車的地方。馬小姐懂得無錫話，緊張地向人左打聽右打聽，而我和香港的朋友當然是盡量地拿著行李。弗利曼夫婦也搶著幫忙。我想，他動過兩次心臟手術，是不應該讓他操勞的。但他堅持分工合作，雙手提著行李，向馬小姐所指的方向走去。

車軌兩旁的建築物破舊不堪，使我想起抗戰期間逃難時的情景。那時晨光微曦，只見車軌旁的月臺上，三三兩兩地站著一些候車的旅客。霧相當大，但太陽的光還是穿霧而過。我拿著行李急行也趕不上弗利曼夫婦，偶爾聽到馬小姐在後面的指導聲，在霧中淡淡的陽光下看到他夫婦的背影，那短短的身材彷彿變得越來越高了。一時間我想起少年時讀過的那篇朱自清所寫的好文章，不覺心酸起來。」

經由張五常教授近身長期觀察的引介和描述，一代自由經濟大師弗利曼妨如栩栩如生在眼前晃動，大師的風範令人心嚮往之！獨一無二的「弗利曼現象」炫人也！

第七章　二十世紀唯一的一位經濟學家——永遠的弗利曼

二〇〇二年弗利曼九十歲大壽前夕，媒體引述美國《時代》雜誌總編輯波爾斯汀所說，弗利曼是「二十世紀唯一的一位經濟學家」，因爲他的見解幾乎永遠正確，而且能見人所未見；他更是二十世紀少數不按馬克思風格，而以對千千萬萬美國人和全人類利益爲出發點的經濟學家之一。

弗利曼的成就，在三十多年前就得到其一生對抗的馬克思學派學者的充分肯定。一九八九年馬克思學派經濟學家海伯納曾在《紐約時報》撰文，開宗明義直言：「在正式開始後不到七十五年間，資本主義與社會主義的競爭已告結束，資本主義已獲得勝利。」而弗利曼正是兩位純正資本主義的最重要倡導人之一，另一位是一九七四年諾貝爾經濟學獎得主之一的海耶克。

弗利曼除了學術著作獲肯定，而有崇高學術地位外，由於他也勤於作一般性演說和從事通俗文章寫作，因而在社會上擁有高知名度，尤其一九八〇年他和夫人蘿絲在美國公共電視臺製作電視迷你影集，並將腳本寫成暢銷書《選擇的自由》（*Free to Choose*），更是知名度暴增。

坎坷難行的經濟自由路

弗利曼在一九八二年《資本主義與自由》（*Capitalism and Freedom*）重印的〈序

言〉中寫道：「過去四分之一世紀以來，思潮變化何其之大，我和太太合著的《選擇的自由》這本書，不但部分內容被《書摘》重印，也上了封面，而其出版第一年，在美國就賣出四十萬本精裝本，並已被譯成十二種語文，一九八一年該書則以平裝本大量上市。有趣的是，該書與《資本主義與自由》中的基本哲理完全相同。先前那本書甚且更富哲理，而且也更爲基本。」

同樣是自由經濟哲理，一九六二年（指《資本主義與自由》）乏人問津，一九八〇年（指《選擇的自由》）卻洛陽紙貴；而一九六四年高舉自由經濟大旗的高華德競選總統慘敗，一九八〇年持相同主張的雷根卻大勝，印證自由經濟復活，而且不只英美大行自由經濟政策，連中國、蘇聯及東歐共產國家也從此如骨牌似地倒向自由經濟之路，迄二十一新世紀「全球化」熱潮再起，似乎自由經濟思潮已席捲全球。

但弗利曼在一九九三年二月《資本主義與自由》中文第二次譯本，特別爲台灣讀者所寫的序文中提出預警，他說：「政府干預的行爲並未隨觀念的改變而同等變化。在美國和其他西方國家，政府的角色自一九六〇年代以來，非但沒有減弱，且有增強之勢，今天的政府花掉國民所得的一大部分，採取更多的管制，且更細膩地干預到個人的生活。美國和其他已開發國家的例子顯示，一旦透過市場機能贏得繁榮後，常有強烈傾向走向社會主義國家的形態，要維持市場機能的運作，可能比導入市場機能來得困難。」

或許就是有此顧慮，弗利曼在一九九八年亞洲金融風暴掀起漫天風雲，自由化受挫，政府管制再度抬頭之際，以八十七歲高齡爲文、演說，極力抵擋逆流，對香港由「自由經濟堡壘」沉淪痛心疾首，甚至主張廢掉國際貨幣基金（IMF）。而二〇〇八年下半年全球金融海嘯來襲，自由經濟和自由市場飽受責難，政府管制又大行其道，印證弗利曼的先知。

權力的致命吸引力

爲何弗利曼那麼反對政府干預經濟？可能源於他對「權力致命吸引力」的領悟，「權力使人腐化，絕對的權力，絕對的腐化」是阿克頓公爵的名言，而弗利曼在《資本主義與自由》一書的〈導論〉中說：「雖然支配權力的人，最初可能是出自善意，甚至起初也未因自己可以運作的權力而腐化，只是權力終將對人產生致命吸引力，終而將其改頭換面。」多麼傳神的描述，也許就是有此深刻體悟，弗利曼成名之後從不任公職，除擔任過高華德、尼克森和雷根的顧問外，從來不肯拿一文公家薪水。也因如此的清白，才一直理直氣壯高分貝提諍言，而其言論也因而具高度國際公信力。

不要因爲弗利曼堅持信念，喜好辯論，就以爲弗利曼好勇鬥狠，不近人情，他其實是和藹可親且具悲天憫人胸懷，是具備「溫暖的心、冷靜的腦」之典範。雖然眼見世事似乎不盡如人意，但始終抱持樂觀心境看待世人與世事。最令人敬佩和感動的是，他爲世人福祉，不畏短期的被誤解，勇敢地做他認爲對市井小民有利的事。最顯著的例子是，他曾幫智利皮諾契特軍政府實施自由經濟政策，卻背上「爲虎作倀」惡名，而讓他獲諾貝爾獎時，破紀錄遭受嚴重抗議。

弗利曼不計個人毀譽，仍然爲眞理勇往直前，抱持「雖千萬人吾往矣」的純眞傻勁，不論是何種體制的政府，只要肯聽他的自由經濟建言，他都樂於獻策，完全不在乎被抹黑、醜化，而到頭來也總證明他是對的。一九八九年九月十九日，弗利曼又風塵僕僕地趕往中國，向當時的中共總書記趙紫陽宣揚和灌輸自由經濟理念。可惜趙紫陽仍迷信中共極權下可以自由開放，弗利曼當年還特別寫聖誕卡給諸親友，將他看衰的觀點作爲卡片內容，供作歷史見證。

這位可敬又可愛的學者，在一九九八年以八百多頁的篇幅，用他獨特寫作方式和其夫人完成名爲《兩個幸運的人》（*Two Lucky People*）的自傳，給想一窺這兩位擁有開放心靈的小巨人精彩一生的世人，有了一份珍貴的心靈饗宴。而《資本主義與自由》書中含括的十二個課題，則是人類永遠需嚴肅面對的問題，答案其實就在對簡單自由經濟觀念的眞實理解，但眞正理解並不容易！

弗利曼在一九八五年三月二十一日，應美國德州聖安東尼奧的三一大學（Trinity University）之邀，講述其「我成爲經濟學者的演化之路」，講詞的結語說到：「……經濟學是一門迷人的學問。而最令人著迷的是，它的基本原理如此簡單，只要一張紙就可以寫完，而且任何人都可以了解，然而眞正了解的人又何其稀少。」不過，精讀《資本主義與自由》一書卻是最佳的參悟終南捷徑。

人道的關懷者

關於弗利曼的學術成就和多采多姿的一生，的確讓世人懷念，而「天下沒有白吃的午餐」、「自由選擇」、「反對政府干預」等等膾炙人口語詞還是著重在經濟層面，但它們所蘊含的「人道」面卻鮮少被提及。

當今世人對於資本主義、自由經濟或市場經濟的一般印象，似乎仍停留在衛護資本家、剝削勞工，於是成爲貧富懸殊的元凶，尤其對比標榜「公平、正義」的社會主義，更予人「冷血、無人道」的烙印。對照現實世界，似乎印證這樣的感受，於是在實施所謂自由經濟體制的民主國度裡，就由政府出面以各式各樣的強制性勞工法令、社會福利措施等來「扶貧濟弱」。

姑且不論這些強制性手段都難免走向「愛之適足以害之」、「到地獄之路往往是好意所鋪成的」之終極不幸道路，必須了解的是，現實世界從來沒有眞正實施過自由經濟，有的只是幾分相似而已。光由「烏托邦」這個稱呼，就可以明白人們不相信「眞正的自由經濟」可以在人間實現，也因爲缺乏信心，自由經濟一直未有機會出現在凡間。

即使眞正的自由經濟未被採用，但由曾號稱「自由經濟堡壘」的一九九七回歸前香港的發展，以及一九八〇年代共產陣營紛紛倒向所謂的「自由經濟」，已印證即使不純的自由經濟也較能增進世人福祉。那麼，若能讓「純自由經濟」實現，人類豈不更幸福了嗎？

眞正的或純正的自由經濟是以「人具有誠信倫理」作爲根本，不必有明文規定，人人信守承諾，不欺騙、不做假，在蓬勃、順暢的市場交易下，讓寶貴的地球資源做最有效率使用，「分工合作」順理成章，人人盡其所能，自助、人助、互助，以至於天助渾然天成。只是不知從何時起，「自私、貪婪」竟然廣被人間，強取豪奪成爲普遍現象。即便如此，若無政府強力撐腰、「善意」的紓困，在市場自由運作下，人民的力量在存亡危機時刻總會將壞人淘汰，並逼使作惡者付出代價，若不深切反省改進，就會落入萬劫不復境地。因爲市場的主人是千千萬萬、無數的「個人」，在不斷的學習、付費下，總會找到正路，尋回擁有誠信的自我。努力者出頭，墮落者下沉，眞正的公平正義自然會來到。

弗利曼的一生就一直在有系統地做這種闡述。他發現「市場導向的思考」比任何慈善事業（更別提社會救濟）更人道，他甚至向友人表示「世界上有太多的慈善機構，這只會造成更大的財富累積，不能被投資到生產性事業」。

弗利曼在一九六〇年代提出「負所得稅」替代社會救濟，而二〇〇六年諾貝爾和平獎得主尤努斯的「微額貸款」給窮人自力更生。兩者異曲同工，基本觀念就是「給最劣勢的人一種尊嚴感，而不是接受拖捨的卑賤感。」如此，劣勢者在責任心的驅使下，創造出輝煌成績，這不就是「人道」嗎？

台北時間二〇〇六年十一月十七日中午，傳來弗利曼這位碩果僅存的自由經濟大師於當天早上過世的消息，這並不太叫人哀驚，因爲他已享年九十四，「佚我以老、安我以死」的自然規律，人人必得接受。但是當我得知此訊息時，心中仍不免一陣悵然，因爲中國仍未民主化，自由經濟未能眞正落實，大師的重大使命仍未了也！

密爾頓·弗利曼年表

年代	生平記事
一九一二年	一九一二年七月三十一日生於紐約市一個工人階級的猶太人家庭，父母親皆是從奧匈帝國移居美國。
一九二八年	十六歲前完成高中學業，憑獎學金入讀羅格斯大學。
一九三二年	取得文學士後，一九三三年進入芝加哥大學，並完成碩士學位。畢業後，他曾為羅斯福新政工作，批准了許多早期的新政措施以解決當時艱難的經濟情況，尤其是新政的許多公共建設計畫。一九三三年弗利曼到哥倫比亞大學就讀研究所二年級，修讀經濟學，研究計量、制度及實踐經濟學。
一九三四年	返回芝加哥大學繼續研究所學業。
一九三七年	到NBER當顧志耐助理。
一九三八年	六月十五日與蘿絲（Rose Director）結婚，並育有兩名子女。
一九四〇年	赴威斯康辛大學任教。
一九四一年	一九四一至一九四三年間，他出任美國財政部顧問，研究戰時的稅務政策。
一九四三年	一九四三至一九四五年在哥倫比亞大學參與統計研究小組，為武器設計、戰略及冶金實驗分析數據。

年代	生平記事
一九四五年	弗利曼與後來的諾貝爾經濟學獎得主喬治・史蒂格勒到明尼蘇達大學任職。
一九四六年	獲哥倫比亞大學博士學位，並回到芝加哥大學教授經濟理論，在這段期間內，為NBER研究貨幣在商業周期的角色。
一九四七年	四月，與艾隆和史蒂格勒三人到瑞士參加蒙貝勒蘭學會（MPS）成立大會。
一九五一年	獲得有小諾貝爾經濟獎之稱的約翰・貝茲・克拉克獎。
一九五三年	一九五三至一九五四年，以訪問學者的身分前往英國劍橋大學岡維爾與凱斯學院任教。
一九五五年	《經濟學和公共利益》出版。
一九六二年	《資本主義與自由》出版。
一九六四年	擔任高華德的總統競選顧問。
一九六六年	擔任《新聞週刊》專欄作家十八年。
一九六七年	擔任加州大學洛杉磯分校客座教授；同年擔任美國經濟學會會長。
一九六九年	擔任尼克森總統經濟顧問委員會委員。
一九七〇年	擔任MPS會長。

年代	生平記事
一九七三年	首次訪問台灣。
一九七六年	獲得諾貝爾經濟學獎，以表揚他在消費分析、貨幣供給理論及歷史和穩定政策複雜性等範疇的貢獻，被譽為二十世紀最重要的經濟學家之一。同年，從芝加哥大學退休，這三十年裡，他將芝大經濟系形塑成緊密而完整的經濟學派，力倡自由經濟，被稱為芝加哥經濟學派。
一九七七年	加入史丹佛大學的胡佛研究所。
一九八〇年	主持了名為《選擇的自由》（Free to Choose）的電視節目，並出版了《選擇的自由》的著作，廣泛的被大眾認識。同年擔任雷根總統經濟政策協調委員會委員。
一九八八年	取得了美國國家科學獎章，同年並得到總統自由勳章。同年赴中國訪問與趙紫陽對談。
一九九六年	成立弗利曼基金會（Milton and Rose Friedman Foundation），研究各地教育券成效，並向公眾宣揚教育券的優點和教育改革的迫切性。
一九九八年	《兩個幸運的人》出版。
二〇〇六年	十一月十七日在舊金山家中因心臟病發引致衰竭逝世，享年九十四歲。

國家圖書館出版品預行編目資料

弗利曼：自由經濟守護者 / 吳惠林著 . -- 二版 . -- 臺北市：五南圖書出版股份有限公司 , 2023.03
面 ; 公分
ISBN 978-626-343-743-2 (平裝)

1.CST: 弗利曼（Friedman, Milton, 1912-2006）
2.CST: 經濟學家 3.CST: 傳記 4.CST: 經濟思想

550.189 112000478

大家身影 019

弗利曼

自由經濟守護者

作　　者 —— 吳惠林
發 行 人 —— 楊榮川
總 經 理 —— 楊士清
總 編 輯 —— 楊秀麗
主　　編 —— 侯家嵐
責任編輯 —— 侯家嵐
出 版 者 —— **五南圖書出版股份有限公司**
地　　址：臺北市大安區 106 和平東路二段 339 號 4 樓
電　　話：02-27055066（代表號）
傳　　真：02-27066100
劃撥帳號：01068953
戶　　名：五南圖書出版股份有限公司
網　　址：https://www.wunan.com.tw
電子郵件：wunan@wunan.com.tw
法律顧問 —— 林勝安律師
出版日期 —— 2016 年 6 月初版一刷
2023 年 3 月二版一刷
定　　價 —— 350 元